KB027778

말하기가 10배 빨라지는

10배속 기초영문법

말하기가 10배 빨라지는
10배속 기초영문법

초판 인쇄일 2018년 8월 17일
초판 발행일 2018년 8월 24일
3쇄 발행일 2022년 2월 10일

지은이 프라우드 출판 편집부
옮긴이 권우현
발행인 박정모
등록번호 제9-295호
발행처 도서출판 혜지원
주소 (10881) 경기도 파주시 회동길 445-4(문발동 638) 302호
전화 031) 955-9221~5 팩스 031) 955-9220
홈페이지 www.hyejiwon.co.kr

기획 박혜지
진행 박혜지, 박민혁
디자인 조수안
영업마케팅 김남권, 황대일, 서지영
ISBN 978-89-8379-969-2
정가 10,000원

이 도서의 국립중앙도서관 출판예정도서목록(CIP)은 서지정보유통지원시스템 홈페이지(http://seoji.nl.go.kr)와
국가자료공동목록시스템(http://www.nl.go.kr/kolisnet)에서 이용하실 수 있습니다.(CIP제어번호: CIP2018023960)

말하기가 10배 빨라지는

10배속

기초영문법

혜지견

이 책의 구성

❶ 20개의 대주제

영어 문법을 All in one으로 공부할 수 있도록 만들었어요. 이 책은 20개의 대주제로 이루어져 있으며 여러 가지 품사, 부가의문문, 피동문이나 비교문 등 풍부한 내용을 다루고 있어요.

PART 01

Nouns
명사

PART 04

Pronouns
대명사

❷ 144개의 소주제

20개의 대주제 안에 144개의 소주제를 넣어 가장 중요한 영어 문법을 한꺼번에 담았어요. 여러분은 체계적인 기초 영어 문법을 통해 철저하면서도 쉽게 영어를 배울 수 있을 거예요!

4

❸ 그림을 통한 학습

모든 내용은 「그림」+「문자」의 형태로 기억하는 방식을 사용했어요. 이를 통해 쉽게 학습하고, 즐거운 분위기에서 공부할 수 있도록 하였습니다.

세상에 하나 밖에 없는 물건이나, 사건, 사람을 얘기하기 위해서는 반드시 관사 the를 사용해야 합니다.

the American President
미국 대통령

the sky
하늘

the earth
지구

the sun
태양

the moon
달

the Everest
에베레스트

the Chinese Great Wall
중국 만리장성

me
you
us
him
her
it
them

❹ Memo를 통한 추가 힌트
헷갈리기 쉬운 문법이나 용법은
Memo를 통해 쉽고 정확하게 학
습하도록 도움을 줍니다.

Memo

국적명 앞에 the를 넣는 경우는 국적명이 개별적인 대상을 뜻하는 것
이 아니라 전 국민을 의미합니다. 여기서 한 가지 주의해야 할 점은 어
떤 나라는 반드시 s를 붙여줘야 하고 어떤 나라는 s를 붙이지 않는다는
것입니다. 반드시 주의하길 바라요!

The Thais are friendly
and pacifistic.
태국 사람들은 매우
친절하고 평화롭습니다.

The French are famous
for their fine wines.
프랑스 사람들의 와인은
매우 유명합니다.

The Irish are known as

The Americans highly

연습문제 1-02

아래 단어들을 가산명사와 불가산명사로 구분해 보세요

가산명사라면 ✓
불가산명사라면 ✗

✗	glue 풀		tea 차
	window 창문		bread 빵
	soup 탕	✓	people 사람

❺ 연습문제 맞추기
따로 마련되어 있는 연습문제를 통해
실력을 확인할 수 있어요. 스스로 얼
마나 이해했는지 문제를 풀면서 더 깊
게 배워가며 잊어버리지 않도록 해줄
거예요.

6

❻ 마술판처럼 학습

자주 쓰이는 문법을 마술판처럼 표로 구성하여 예습, 복습을 모두 할 수 있도록 했어요. 빈칸에 알맞은 단어를 써넣으며 한눈에 공부할 수 있도록 일목요연하게 정리했어요.

	관사 지시어 소유격	순서	숫자	성질 성격	크기 길이	외형	나이	색깔	국적	재질 재료	명사
1.				delicious					Japanese		food
2.				horrible				green			trousers
3.	a			comfortable						leather	sofa
4.	a			silly			young				man
5.	a			nice	big						dinner
6.	This				huge	round				paper	lamp

7

저자의 말

문법(Grammar)이라는 말만 들어도 스트레스를 받는 사람이 많습니다. 나날이 배울 것이 많아지는 이 시대에 영어 문법을 공부하는 것처럼 어렵고, 스트레스를 받으며 무미건조한 일은 차라리 전력을 다해서 최대한 빨리 끝내야 합니다. 이 책은 배워야 할 내용을 그림과 함께 쉽게 설명하기 때문에 빠르게 이해할 수 있으며, 간단하게 사용해볼 수 있습니다.

이 책은 반드시 알아야 할 문법을 20개의 대주제로 나누어 담고 있습니다. 우리는 그것을 다시 작은 단위로 나누어서 총 144개의 소주제로 구성했습니다. 뿐만 아니라 각 소주제는 연습문제를 포함하여 스스로 배운 것을 테스트해볼 수 있도록 하였습니다. 또한 그림을 삽입하여 보다 쉽게 읽을 수 있고 책의 내용을 이해하기 쉽도록 하였습니다.

편집자의 말

많은 독자들이 영어 문법과 관련된 책을 공부하지만 배우는데 항상 어려움을 겪습니다. 그리고 반복되는 학습에서 따분함을 느끼고 학습에 대한 의욕을 얻지 못합니다. 편집부는 우연한 기회에 이 책을 집하고 바로 판권을 노입하기로 결성했습니다. 독자들이 이 책을 접하고 쉽고 빠르게 영어 문법을 이해할 수 있을 거라고 확신했기 때문입니다.

이 책과 함께 영문법에 더욱 흥미를 가지고 즐겁게 공부하시길 바랍니다.

목차

PART 01 명사

PART 02 관사

PART 03 수량형용사

PART 07 조동사

PART 08 부사

PART 09 시제

PART 12 의문문

PART 13 부정문

PART 14 부가의문문

PART 15 수동태

PART 16 간접화법

PART 17 if 조건절

PART
01

Nouns
명사

01 s를 붙이면 복수가 되는 명사

영어에서 한 개, 한 명, 한 쌍처럼 낱개인 명사를 단수명사라고 합니다. "연필 한 자루", "여자애 한 명", "고양이 한 쌍"처럼 말입니다.

singular noun
단수명사

여러 건, 여러 쌍, 여러 개나 여러 명과 같은 명사를 복수명사라고 합니다. 복수명사는 단수명사와는 조금 다른 형태를 가지고 있습니다. 단수명사를 복수명사로 바꾸는 가장 간단한 방법은 단어 맨 뒤에 s를 붙여주는 것입니다.

plural noun
복수명사

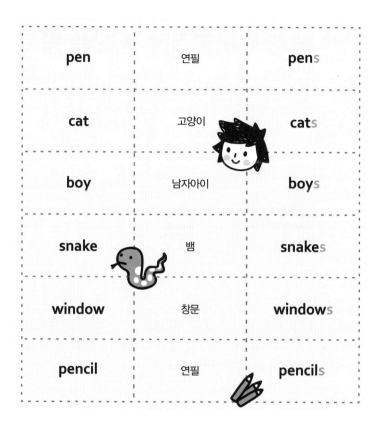

pen	연필	pens
cat	고양이	cats
boy	남자아이	boys
snake	뱀	snakes
window	창문	windows
pencil	연필	pencils

만약 s를 붙여서 복수명사로 만들었다면, 발음할 때에도 s를 빼먹지 않도록 주의합니다. 영어가 모국어가 아닌 사람들이 많이 저지르는 실수가 s를 소리 내지 않는 것인데, 대부분 단어 맨 마지막에 '스' 또는 '즈'라는 소리만 약간 넣어주면 복수명사의 올바른 소리를 낼 수 있습니다.

es를 붙이면 복수가 되는 명사

단수명사를 복수명사로 만드는 용법에는 다른 부가적인 규칙들이 있습니다. 일반적으로 단어에 s만 붙여주면 되지만 s, ss, sh, ch, x 혹은 z로 끝나는 단어에는 s를 붙여주지 않고 es를 붙입니다.

원래대로 복수명사 뒤에 s를 붙여줬다면, 발음할 때도 뒤에 '스' 소리를 넣어줘야 합니다. 그런데 만약 es를 붙여줬다면 발음할 때 마지막 자음과 '이즈' 소리가 합쳐지도록 발음해줘야 합니다.(일반적인 상황에서는 스로 발음합니다.)

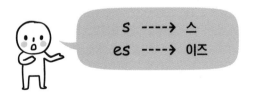

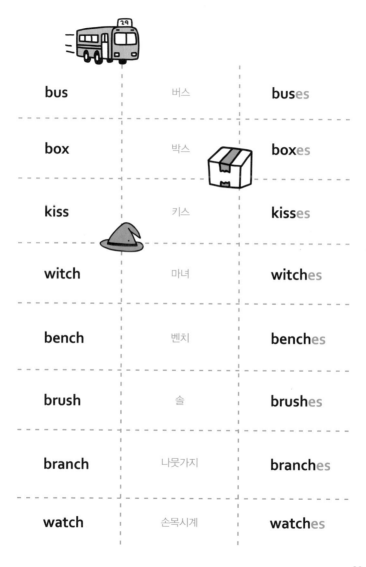

bus	버스	bus**es**
box	박스	box**es**
kiss	키스	kiss**es**
witch	마녀	witch**es**
bench	벤치	bench**es**
brush	솔	brush**es**
branch	나뭇가지	branch**es**
watch	손목시계	watch**es**

03 y로 끝나는 단어의 복수명사

baby, boy, toy, way처럼 y로 끝나는 단어들은 크게 둘로 나눌 수 있습니다.

a, e, i, o, u Y + s

만약 y 앞에 a, e, i, o, u처럼 모음이 있다면 평소대로 그냥 s를 넣어주면 됩니다. 예를 들어볼게요.

boy	남자아이	boys
way	길, 방향	ways
day	날짜	days
toy	장난감	toys

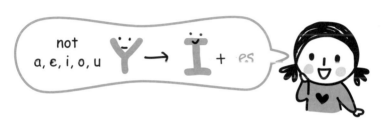

만약 y 앞이 자음(a, e, i, o, u가 아닌 것)이라면 반드시 y를 i로 바꾼 후 es를
붙어줘야 합니다.

baby	아기	babies
study	공부, 연구	studies
lorry	대형 트럭	lorries
story	이야기, 소설	stories

25

o로 끝나는 단어의 복수명사

o로 끝나는 단어들은 s나 es를 붙이는 특정한 규칙이 없습니다. 그렇기 때문에 어떤 단어들은 s를 붙이고 어떤 단어들은 es를 붙이는 것을 볼 수 있습니다. 또 어떤 단어들은 s나 es 모두 붙여도 상관이 없고, 자주 사용하고 익숙한 걸 쓰기도 합니다. 자주 보이는 단어들로 예를 들어볼게요.

📝 o로 끝나지만 s를 붙이는 단어

memo	메모, 메모장	memos
kilo	킬로미터	kilos
auto	자동차	autos
piano	피아노	pianos
photo	사진	photos
studio	작업실	studios

zoo	동물원	zoos
video	비디오	videos
tattoo	문신	tattoos
pro	전문가, 프로	pros
kangaroo	캥거루	kangaroos

👆 o로 끝나지만 es를 붙이는 단어

echo	메아리, 에코	echoes
hero	영웅	heroes
veto	거부권(비토)	vetoes
potato	감자	potatoes
tomato	토마토	tomatoes

o로 끝나지만 s나 es모두 붙일 수 있는 단어

buffalo	버팔로	buffalos, buffaloes
cargo	화물	cargos, cargoes
mosquito	모기	mosquitos, mosquitoes
mango	망고	mangos, mangoes
motto	격언, 모토	mottos, mottoes
tornado	토네이도	tornados, tornadoes
volcano	화산	volcanos, volcanoes
zero	영(숫자)	zeros, zeroes

05 f나 fe로 끝나는 단어의 복수명사

f나 fe로 끝나는 단어를 복수명사로 바꾸기 위해서는
반드시 f나 fe를 v로 바꿔준 후 es를 붙여줘야 합니다.

f/fe ----> v + es

knife	칼	knives
leaf	낙엽	leaves
life	생명	lives
hoof	발굽	hooves
thief	도둑	thieves
wife	아내	wives

Memo

이 두 단어들은 예외입니다. 복수명사로 바뀌어도 s만 붙입니다.

| roof | 지붕 | roofs |
| proof | 증거 | proofs |

형태를 완전히 바꿔야 복수명사가 되는 명사

규칙이 적용되지 않는 경우도 있습니다. 그 단어들은 복수명사가 되기 위해 s 나 es를 붙이지 않고 형태가 바뀌어 버립니다. 그렇기 때문에 주의해서 보고 자 주 사용해서 익숙해지는 수밖에 없습니다. 어떤 것들이 있는지 알아보겠습니다.

man
남자

men
남자들(복수)

woman
여자

women
여자들(복수)

policeman
경찰관

policemen
경찰관들(복수)

child
아이

children
아이들(복수)

goose
거위

geese
거위들(복수)

tooth
치아

teeth
치아(복수)

mouse
쥐

mice
쥐들(복수)

foot
발

feet
양 발(복수)

07 단수와 복수 형태가 같은 단어

마지막으로, 단수든 복수든 관계없이 형태가 같은 단어들에 대해 알아보겠습니다. 아래의 단어들을 꼭 기억하세요!

fish	한 마리 이상의 물고기일 경우	fish
물고기		물고기들
sheep 양	한 마리 이상의 양일 경우	**sheep** 양들
deer 사슴	한 마리 이상의 사슴일 경우	**deer** 사슴들
series 시리즈	하나 이상의 시리즈일 경우	**series** 시리즈들

08 항상 복수 형태인 단어

항상 복수 형태를 가지는 단어들도 있습니다. 예를 들면 바지(바지통이 두 개), 안경(한 쌍), 가위(날이 두 개)처럼 말입니다. 영어에서 이 단어들은 항상 복수 형태를 띠고 있습니다. 우리가 먹는 국수도 마찬가지입니다. 국수를 한 가닥만 먹는 사람은 없기 때문입니다. 따라서 이 단어들은 항상 s나 es를 붙여서 사용한다는 것을 꼭 기억하세요. 아래 단어들은 우리가 자주 볼 수 있는 단어들입니다.

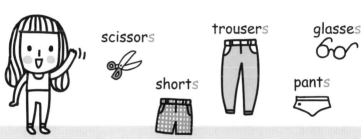

jeans	청바지
pants	바지, 속옷
trousers	긴 바지
scissors	가위
pajamas, pyjamas	잠옷
pliers, plyers	펜치
glasses	안경
sunglasses	선글라스
noodles	국수

33

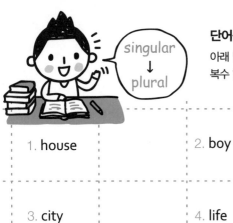

단어를 복수 형태로 바꾸기

아래 단어들을
복수 형태로 바꿔보세요.

1. house	2. boy
3. city	4. life
5. photo	6. sandwich *Sandwiches*
7. elf	8. phone
9. nurse	10. family

34

11. **The** (woman) *women*. **want to meet the teacher.**
그 여자들은 그 선생님을 만나고 싶어 합니다.

12. **My** (child) .... **hate eating vegetables.**
우리 아이들은 채소 먹는 것을 싫어합니다.

13. **I brush my** (tooth) .... **two times a day.**
나는 하루에 두 번 양치질합니다.

14. **Her** (foot) .... **hurt.**
그녀는 다리가 아픕니다.

15. **These** (person) .... **are protesting against some laws.**
이 사람들은 몇몇 법에 대해서 항의하고 있습니다.

16. **Where did you put the** (knife) .... **? On those** (shelf) ....
칼을 어디에 두셨나요? 어느 선반이에요?

17. (Goose) .... **like water.**
거위는 물을 좋아합니다.

18. **Most** (housewife) .... **work more than
    five hours a day at home.**
    대부분의 주부들은 집에서 하루에 다섯 시간 이상 집안일을 합니다.

19. **The** (fish) .... **I bought are in the fridge.**
    내가 사 온 생선은 냉장고 안에 있습니다.

20. (Piano) .... **are expensive.**
    피아노는 비쌉니다.

Answers

1. houses	2. boys	3. cities	4. lives
5. photos	6. sandwiches	7. elves	8. phones
9. nurses	10. families	11. women	12. children
13. teeth	14. feet	15. people	16. knives, shelves
17. Geese	18. housewives	19. fish	20. Pianos

09 가산명사

영어 문법에서 명사는 크게 가산명사(countable nouns)와 불가산명사(un-countable nouns)로 나뉩니다. 가산명사는 낱개로 셀 수 있고, 복수 형태가 되거나 여러 개수로 나타낼 수 있습니다. 예를 들어볼게요.

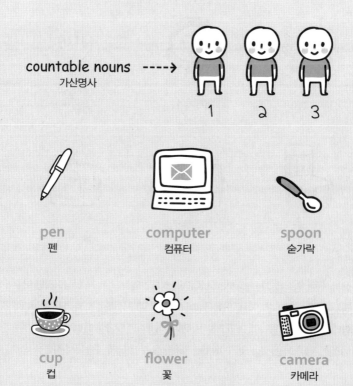

countable nouns ----→
가산명사
1   2   3

pen
펜

computer
컴퓨터

spoon
숟가락

cup
컵

flower
꽃

camera
카메라

book
책

comb
빗

bottle
병

kitten
새끼 고양이

girl
여자아이

finger
손가락

chair
의자

house
집

television
텔레비전

셀 수 있는 명사를 가산명사라고 합니다. 만약 그 명사가 두 개 이상이라면 복수 명사가 되는 것입니다. 이 단어들은 s나 es 혹은 앞에서 배운 여러 가지 방식대로 형태를 바꿔줘야 합니다. 그리고 s나 es를 붙여줬다면 발음할 때 s의 소리(스 혹은 이즈)를 내야 하는 것을 잊지 마세요! 익숙해질 수 있도록 계속해서 복습하세요!

⑩ 불가산명사

불가산명사(uncountable nouns)는 하나하나씩 셀 수 없는 명사들을 말합니다.

uncountable nouns
불가산명사

meat	고기		**wind**	바람
beef	소고기		**dust**	먼지
pork	돼지고기		**milk**	우유
fish	물고기		**coffee**	커피
	(일반적으로 먹는 생선을 의미할 때는 셀 수 없지만 여러 종류의 물고기를 의미할 때는 셀 수 있어요)		**tea**	차
			bread	빵
			butter	버터
water	물		**ice**	얼음
air	공기		**flour**	밀가루
			paper	종이
			wine	와인

이 밖에도 세기 어려운 것이나 셀 수 없는 물체의 경우도 불가산명사에 해당됩니다. 예를 들어볼게요.

불가산명사		
	sand	모래
	sugar	설탕
	salt	소금
	hair	머리카락
	rice	쌀, 밥
	wheat	밀

이 밖에도 셀 수 있을 것 같지만 영어에서는 불가산명사에 해당되는 단어들도 있습니다. 어떤 것들이 있는지 알아보겠습니다.

셀 수 있을 것 같지만 불가산명사인 단어		
	money	돈
	furniture	가구
	equipment	장비
	luggage	수화물
	advice	건의

불가산명사는 어떠한 경우에도 s나 es를 붙이지 않고 형태가 바뀌지 않습니다.

Memo

우리가 좋아하는 디저트에는 케이크, 아이스크림, 파이 그리고 쿠키가 있죠? 과연 어떤 것들이 가산명사이고 어떤 것들이 불가산명사일까요?

답은 쿠키만 가산명사입니다. 케이크나 아이스크림 그리고 파이는 모두 불가산명사예요.

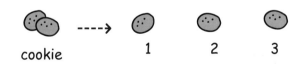

아래 단어들을 가산명사와 불가산명사로 구분해보세요.

불가산명사
가산명사

가산명사라면
불가사명사라면

  glue
풀

 tea
차

 window
창문

 bread
빵

soup
수프

 people
사람

 candy
사탕

 oil
기름

 furniture
가구

 ketchup
케첩

cake
케이크

firemen
소방관

egg
달걀

popcorn
팝콘

mayonnaise
미요네즈

noodles
국수

potato
감자

cookie
쿠키

money
돈

cucumber
오이

Answers

가산명사(countable nouns)
window, people, candy, firemen, egg, noodles, potato, cookie, cucumber

불가산명사(uncountable nouns)
glue, tea, bread, soup, oil, furniture, ketchup, cake, popcorn, mayonnaise, money

불가산명사를 셀 때

각종 고기류나 액체류 같은 불가산명사를 셀 수 있는 방법이 있습니다. 하지만 그 물체 자체를 셀 수는 없고, 그 물체를 담은 용기를 대신해서 셉니다. 커피 두 잔, 물 세 병, 고기 세 근, 밀가루 한 봉지처럼 말입니다. 우리가 자주 볼 수 있는 단어들로 예를 들어볼게요.

bottle
병

a bottle of orange juice.
오렌지주스 한 병

glass
잔

two glasses of soda.
탄산음료 두 잔

cup
잔(손으로 쥐는)

three cups of coffee.
커피 세 잔

piece
조각

three pieces of cake.
케이크 세 조각

한 병, 한 잔, 한 조각, 한 근 같은 단위를 복수로 표기하기 위해서는 복수 형태로 바꿔줘야 합니다. 용기를 세는 단위나 불가산명사가 아닌 명사 뒤에 s나 es를 붙여줘야 합니다.

bag
봉지
two bags of flour.
밀가루 두 봉지

liter
리터
five liters of milk.
우유 5리터

page
페이지, 장, 쪽
ten pages of used paper.
사용한 종이 열 장

kilo
킬로그램
four kilos of meat.
고기 4킬로그램

보통명사와 고유명사

영어에서 명사를 가산명사와 불가산명사로 구분하는 것 이외에 다른 구분법이 있습니다. 바로 보통명사와 고유명사입니다.

보통명사는 특정한 사람(인명)이나 지명이 아닌 일반적인 사람, 동물, 사물 등을 일컫는 말입니다.

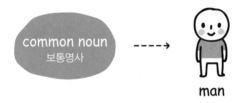

man

그리고 고유명사는 특정한 사람의 이름이나 동물의 이름, 브랜드 이름이나 지명 등을 일컫는 말입니다. 어떤 것들이 있는지 알아보겠습니다.

Frank

보통명사	고유명사
man 남자	**Frank** 프랭크
girl 여자	**Mary** 메리
school 학교	**Seoul National University** 서울대학교
mountain 산	**Everest** 에베레스트산
mobile phone 핸드폰	**Samsung** 삼성
clothes 옷	**Zara** 자라
soda 탄산음료	**Pepsi** 펩시
novel 소설	**Harry Potter** 해리 포터
month 월	**January** 1월
day 일	**Sunday** 일요일

보통명사가 무엇이며 고유명사가 무엇인지 이제 잘 알겠지요? 고유명사를 사용할 때 주의해야 할 점이 하나 있습니다. 그건 바로 고유명사는 어느 위치에 있든 첫 글자는 반드시 대문자로 써야 한다는 것입니다.

The first day of January this year is a Monday.
올해 1월의 첫 날은 월요일입니다.

She works for Apple Company.
그녀는 애플 사에서 일합니다.

I live in Seoul.
나는 서울에 살고 있습니다.

고유명사가 여러 단어로 이루어져 있다면 매 단어의 첫 글자를 대문자로 써야합니다.

I study at Seoul University.
나는 서울대학교에 다닙니다.

My favorite book is Harry Potter and the
Half-Blood Prince.
내가 가장 좋아하는 책은 《해리 포터와 혼혈 왕자》입니다.

Big Ben is one of the most famous landmarks
in London.
빅 벤은 런던에서 가장 유명한 랜드마크 중 하나입니다.

PART
02

The Articles
관사

13 관사는 무엇일까요? 왜 중요할까요?

영어는 명사를 말할 때 관사(articles)를 반드시 넣어줘야 할 때가 있습니다. 관사에는 a, an 그리고 the가 있습니다.

그렇다면 관사는 왜 필요할까요? 관사를 넣어야 하는 이유는 우리가 명사를 서술할 때 특별히 지정한 대상이 있는지 구분하기 위해서입니다.

만약 한 쌍, 한 사람처럼 특별히 지정한 대상이 없는 단수명사일 경우 a나 an을 사용합니다. 반면 the의 경우 가산이든 불가산이든, 단수든 복수든 관계없이 어떠한 유형의 명사에서 우리가 특별하게 지정한 대상을 말할 때 사용합니다. 조금 더 자세하게 어떤 차이가 있는지 알아봅시다.

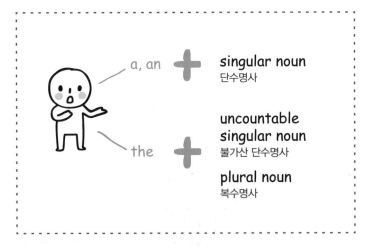

a, an + **singular noun**
단수명사

the + **uncountable singular noun**
불가산 단수명사

plural noun
복수명사

▶ 예시 01 : 두 사람이 커피숍에 가자고 이야기하고 있는 상황

I am going to _a_ coffee shop.

a를 coffee shop 앞에 두었어요. 특별히 가고 싶은 커피숍이 없기 때문입니다. 어느 커피숍으로 갈지 아직 정하지 않았으니 어느 커피숍이든 가자는 뜻을 나타낼 때 사용하는 거예요.

I am going to _the_ coffee shop.

the를 coffee shop 앞에 두었어요. 듣는 사람이 어느 특정한 커피숍으로 갈지 알고 있는 상황을 나타낼 때 사용하는 거예요.

▶ 예시 02 : 두 사람이 컴퓨터를 사러 가자고 이야기하고 있는 상황

I'm going to buy _a_ computer.

a를 computer 앞에 두었어요. 아직 어떤 브랜드의 컴퓨터를 살지 정하지 않은 상황이기 때문입니다.

I'm going to buy _the_ computer.

the를 computer 앞에 두었어요. 어떤 브랜드의 컴퓨터를 살지 정해놓은 상황이기 때문입니다.

_A_ dog was hit by _a_ car yesterday.

a를 dog와 car 앞에 두었어요. 어떤 개가 어떤 차에 사고를 당했는지 모르기 때문입니다. 그저 개가 차 사고를 당한 정도로만 알고 있는 상황이에요.

The dog was hit by _a_ car yesterday.

the를 dog 앞에 두었어요. 하지만 a를 car 앞에 두었습니다. 말하는 사람이 듣는 사람에게 그 개가 사고를 당했다고 말해주기 위함이에요. 하지만 a가 car 앞에 있기 때문에 구체적으로 어떤 차에 사고를 당했는지는 모르는 상황입니다.

관사 a, an 그리고 the의 각기 다른 사용방법을 이해했나요?

만약 말하고자 하는 명사가 말하는 사람과 듣는 사람 모두 알고 있는 대상이거나 그것, 그 사람처럼 특정한 대상일 경우 the를 사용합니다. 하지만 특별히 지정하지 않은 대상이거나 잘 모르는 대상일 경우, 그리고 단수명사일 경우에는 a나 an을 사용합니다. 이것들이 바로 관사를 사용하는 일반적인 규칙입니다.

a, an의 사용

우리는 앞에서 특별히 지정하지 않고 한 개뿐인(단수인) 명사를 말할 때는 반드시 a나 an을 넣어야 한다고 배웠습니다.

PART 02 관사

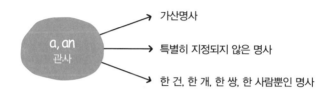

가산명사

특별히 지정되지 않은 명사

한 건, 한 개, 한 쌍, 한 사람뿐인 명사

그런데 어떤 때에 a를 쓰고 어떤 때에 an를 사용할까요?

1. 명사의 앞 글자가 모음으로 시작하는 경우(a, e, i, o, u) 혹은 모음으로 발음 되는 경우에는 an을 사용합니다.

an ant   개미 한 마리

an elephant   코끼리 한 마리

an apple   사과 한 개

an eagle   독수리 한 마리

an umbrella   우산 한 개

an hour   한 시간

(단어 hour의 첫 글자는 h이지만 발음할 때 첫 음이 모음이기 때문에 an을 사용해요.)

2. 명사의 앞 글자가 자음으로 시작하는 경우에는 **a**를 사용합니다.

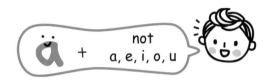

a teacher   선생님 한 분
a dog   개 한 마리
a friend   친구 한 명
a mountain   산 한 좌
a book   책 한 권

a university – 대학교 한 곳
(단어의 첫 글자가 u로 모음이지만 발음할 때는 자음이기
때문에 a를 사용해요)

a unicorn – 유니콘 한 마리
(단어의 첫 글자가 u로 모음이지만 발음할 때는 자음이기
때문에 a를 사용해요)

· 연습문제 2-01 ·

가산명사들의 앞에 a나 an을 맞게 사용해보세요.

1. _an_ umbrella

2. .... spoon

3. .... hour

4. .... tower

5. .... owl

6. .... whale

7. .... American

8. .... night

9. .... university

10. .... tomato

Answers

1. an 2. a 3. an 4. a 5. an 6. a 7. an 8. a 9. a 10. a

15 직업을 나타내는 명사 앞에서의 a, an 사용

만약 영어로 나는 어떤 일을 하는지 또는 누구는 무슨 일을 하는지 말하고 싶다면 a나 an을 사용하며 the를 사용하지 않습니다!

occupation
직업

I am _a_ writer.
나는 작가예요.
(a를 writer 앞에 둔다)

She is _a_ nurse.
그녀는 간호사예요.
(a를 nurse 앞에 둔다)

I work as _a_ lawyer.
나는 변호사 일을 하고 있어요.
(a를 lawyer 앞에 둔다)

He works as *a* pilot.
나는 파일럿 일을 하고 있어요.
(a를 pilot 앞에 둔다)

She works as *an* accountant.
그녀는 회계사 일을 하고 있어요.
(모음으로 발음하기 때문에 an을 accountant 앞에 둔다)

He is *an* engineer.
그는 엔지니어에요.
(모음으로 발음하기 때문에 an을 engineer 앞에 둔다)

- -

They are teachers.
그들은 선생님입니다.

(헷갈리면 안 돼요. 이 문장에서는 a나 an이 쓰이지 않았어요. 지정하는 사람이 여러 명이기 때문입니다. a와 an은 단수명사 앞에서만 쓰일 수 있어요. teachers에 s가 붙은 것은 한 사람이 아니기 때문이에요.)

We work as volunteers.
우리는 지원자들이에요.

(우리는 한 사람이 아니기 때문에 a나 an을 쓸 수 없고 volunteer에 s를 붙인 거예요.)

국적 앞에서의 a, an 사용

이 밖에도 어느 나라 사람인지 말할 때 국적 앞에 a, an을 사용해야 합니다.

nationality
국적

I am _a_ Thai.
나는 태국 사람이에요.

She is _an_ American.
그녀는 미국 사람이에요.

John is _a_ French.
John은 프랑스 사람이에요.

많은 사람들이 의아해할 수 있는 부분이 있습니다. I am Thai처럼 국적을 말할 때 a나 an을 넣지 않는 경우가 있습니다. 사실 국적을 말하는 용법에는 두 가지가 있습니다. She is a Korean에서 Korean은 한국인을 나타내는 명사로 쓴 것입니다. 그렇기 때문에 She를 말할 때 a Korean이라고 말해야 합니다. 반면에 Korean을 형용사로 사용할 수도 있습니다. 사람이나 동물 혹은 각종 물체의 성질을 정의할 때 사용합니다. 이런 경우에는 관사를 붙이지 않습니다. Korean이라는 단어가 문장에서 명사가 아니라 형용사로 사용되었기 때문입니다.

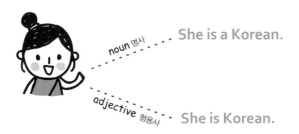

59

국적명 앞에 the를 넣는 경우는 국적명이 개별적인 대상을 뜻하는 것이 아니라 전 국민을 의미합니다. 여기서 한 가지 주의해야 할 점은 어떤 나라는 반드시 s를 붙여줘야 하고 어떤 나라는 s를 붙이지 않는다는 것입니다. 반드시 주의하길 바라요!

**The** **Thais are friendly and pacifistic.**

태국 사람들은 매우
친절하고 평화롭습니다.

**The** **French are famous for their fine wines.**

프랑스 사람들은 좋은 와인으로
유명합니다.

**The** **Irish are known as poets and songwriters.**

아일랜드 사람들은 시와
작곡으로 알려져 있습니다.

**The** **Americans highly value freedom of speech.**

미국인들은 언론의 자유를
매우 중시합니다.

감탄사 앞에서의 a, an 사용

a, an의 또 다른 사용법을 본 적이 있나요? 아마 관사가 감탄문 안에 있는 명사구 앞에 오는 것을 본 적이 있을 것입니다.

What _a_ pretty girl she is!
정말로 예쁜 여자 아이로구나!

What _a_ cute cat it is!
정말로 귀여운 고양이로구나!

What _an_ opportunity she missed!
정말로 좋은 기회를 놓쳤구나!

What _a_ hot day it is!
정말로 더운 날이구나!

18 이미 언급했던 명사 앞에서의 the 사용

이번에는 명사 앞에 the를 사용하는 방법에 대해 알아보겠습니다. 만약 어떤 사람인지, 어떤 일인지, 어디인지 혹은 무엇인지 서로 알고 있는 상황이라면 명사 앞에 the를 사용해서 어떤 것을 의미하는지 상대방에게 보다 쉽게 전달할 수 있습니다. 반드시 the를 사용해야 하는 규칙이 하나 더 있습니다. 처음으로 한 개의 명사를 말할 때는 a나 an을 사용하고 그 다음에 한 번, 두 번 계속해서 같은 명사를 사용할 때는 관사를 the로 바꿔줘야 합니다.

왜냐하면 처음에 그 명사를 말할 때는 특별히 지정된 것이 아니고, 상대방이 어떤 것, 어떤 사람, 어떤 일을 말하는지 잘 모르기 때문입니다. 하지만 한 번 말하고 난 후에는 상대방이 이미 어떤 것을 의미하는지 알고 있기 때문에 다시 말할 때는 관사 the를 사용해야 합니다.

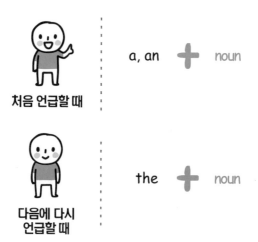

처음 언급할 때   a, an ✚ noun

다음에 다시 언급할 때   the ✚ noun

▶ 예시 01

오래되고 작은 2층짜리 아파트에 세를 들어 산다고 말하고 있는 상황입니다.

I have just rented _an_ apartment.

나는 방금 아파트에 세를 얻었어.
(처음 말할 때는 an을 사용)

The apartment is old and has only two floors.

그 아파트(내가 세를 얻은 아파트)는 낡고 2층 밖에 없어.
(이미 어떤 아파트인지 말했기 때문에 the로 바꿈)

▶ **예시 02**

어제 일식당에 가서 밥을 먹었다고 얘기하는 상황입니다.

I tried _a_ new Japanese restaurant yesterday.

나는 어제 새로운 일식당에 갔어.

(처음 말하는 것이기 때문에 관사 a를 사용)

The restaurant was very good.

그 식당은 매우 좋았어.

(두 번째 말하는 것이기 때문에 the로 바꿈)

Let's go to _the_ restaurant this weekend.

우리 이번 주말에 그 식당에 가자!

(듣는 사람이 어떤 식당인지 알고 있기 때문에 the를 사용)

19 세상에 하나밖에 없는 사물 앞에서의 the 사용

세상에 하나밖에 없는 물건이나 사건, 사람을 얘기하기 위해서는 반드시 관사 the를 사용해야 합니다.

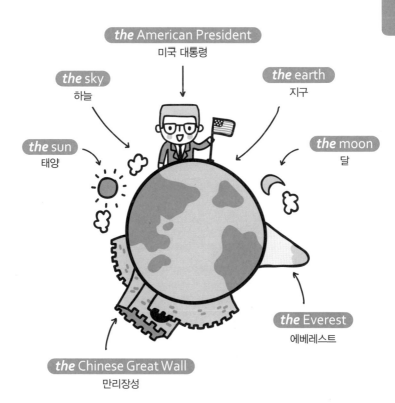

the American President
미국 대통령

the sky
하늘

the earth
지구

the sun
태양

the moon
달

the Everest
에베레스트

the Chinese Great Wall
만리장성

악기 앞에서의 the 사용

어떤 악기를 다룰 줄 안다고 이야기할 때는 악기 앞에 반드시 관사 the를 사용해야 합니다.

Frank can play *the* piano.
Frank는 피아노를 칠 줄 알아요.

Billy is playing *the* guitar.
Billy는 기타를 치고 있어요.

The violin is my most favorite musical instrument.
바이올린은 내가 가장 좋아하는 악기예요.

성씨나 특정 집단 앞에서의 the 사용

성씨 앞이나 가족의 구성원 혹은 그 집안의 모든 사람을 이야기할 때는 the를 사용하고 명사를 복수 형태로 바꿔줘야 합니다. 명사 뒤에 s를 붙여주는 것도 잊지 마세요.

성씨나 구성원

The Smiths live in that house.
Smith 씨네는 저 집에 살고 있어요.

I have known *the* Spencers for years.
나는 Spencer 씨네를 몇 년 동안 알고 있어요.

The Lenons are all artists.
Lenon 씨네는 모두 예술가예요.

이 밖에도 the를 형용사 앞에 사용하는 경우도 있습니다. 부유한 사람, 가난한 사람, 예쁜 사람 혹은 멋진 사람처럼 특징이 있는 사람들을 말할 때 사용합니다. 그리고 이것은 복수의 뜻을 가집니다.

The blind attend special schools.
시각 장애인들은 특수학교에 다닙니다.

The poor do not own their own homes.
가난한 사람들은 자기 집이 없습니다.

The rich invest in the stock market.
부자들은 주식시장에 투자를 합니다.

The beautiful often marry the rich.
예쁜 사람들은 보통 부자들과 결혼합니다.

22 특별한 목적이 있어 가는 경우 장소 앞에서의 the 사용

PART 02 관사

제목을 보고 이게 도대체 무슨 말인지 의아해 하는 사람들이 있을 것입니다. 어떤 곳을 간다고 할 때 특별한 목적이 있어서 가는 게 아니라면 어떤 관사도 붙이지 않습니다. 예를 들어 학교에 수업을 들으러 가는 경우 해당 장소에 일반적인 목적으로 가는 것이기 때문에 관사를 붙이지 않습니다. 하지만 선생님을 뵙거나, 학비를 내러 혹은 친구를 보러 학교에 가는 것처럼 특별한 목적이 있는 경우 반드시 장소 앞에 관사 the를 붙여야 합니다.

June goes to school.

June은 학교에 가요.
(학교에 수업을 받으러 간다는 것을
말하기 위해 관사를 사용하지 않음)

Tony goes to _the_ school.

Tony는 학교에 가요.
(school 앞에 the를 사용함으로써
듣는 사람이 다른 일을 하기 위해서
학교에 간다는 것을 알 수 있음)

Jim has gone to prison.

Jim은 감옥에 갔어요.
(prison 앞에 the가 없기 때문에
죄를 지어서 감옥에 간 것을 의미함)

**Jim has gone to _the_
prison.**

Jim은 감옥에 갔어요.
(prison 앞에 the가 있기 때문에 죄를
지은 것은 아니고 친구 면회 등 다른 목
적이 있음을 나타냄)

Kate is at hospital.

Kate는 병원에 있어요.
(hospital 앞에 어떠한 관사도 없기
때문에 병원에 입원한 것을 나타냄)

Kate is at _the_ hospital.

Kate는 병원에 있어요.
(hospital 앞에 the가 있기 때문에
입원한 것이 아니라 다른 목적으로
간 것을 나타냄)

23 어떤 상황에서 관사를 붙이지 않을까요?

a, an 그리고 the를 사용하는 규칙은 굉장히 많습니다. 이번에는 반대로 어떠한 관사도 붙이지 않는 상황에 대해서 알아보겠습니다.

✏️ 어떤 집단을 이야기할 때

"뱀은 징그러운 동물이야", "알코올은 모두에게 좋지 않아"와 같은 문장에서 뱀 과 알코올 같이 어떤 집단을 가리킬 때 가산명사라면 복수 형태 불가산명사라 면 단수 형태로 씁니다.

***Snakes* are disgusting *animals*.**
뱀은 징그러운 동물입니다.
(snakes와 animals는 가산명사이기 때문에 복수형을 사용)

***Alcohol* is bad for everyone.**
알코올은 모두에게 좋지 않습니다.
(alcohol은 불가산명사이기 때문에 단수형을 사용)

고유명사, 사람 이름, 가게 이름

Call *McDonalds* for dinner.
맥도날드에 전화해서 저녁을 시킵시다.

My family like *MK restaurant* very much.
우리 가족은 MK 식당을 아주 좋아합니다.

주/나라/도시/정부/시의회/구/길/동네 이름

My house is on *Gangnam Road, in Seoul, Korea.*
나의 집은 대한민국 서울시 강남로에 위치해 있습니다.

He comes from *Africa.*
그는 아프리카에서 왔습니다.

Memo

여러 나라나 정부로 이뤄진 나라의 경우에는 반드시
관사 the를 붙여줘야 합니다. The United Kingdom
대영제국(북아일랜드와 웨일스가 포함된 네 개 국가),
The United States 미합중국(각 주가 합쳐진 나라)
처럼 말이에요.

운동 이름

I like playing *badminton*.
나는 배드민턴 치는 것을 좋아합니다.

Football is men's most
favorite sport.
축구는 남자들이 가장 좋아하는 운동입니다.

언어 그리고 학과 이름

I hate *Mathematics*.
나는 수학을 싫어합니다.

He speaks *Chinese*
very well.
그는 중국어를 아주 잘 합니다.

📝 하루 세 끼

I have *breakfast* at 8 a.m.
나는 아침 8시에 아침을 먹습니다.

We're going to the restaurant for *dinner*.
우리는 식당에 가서 저녁을 먹을 생각입니다.

📝 계절

Winter is so long this year.
올해 겨울은 매우 깁니다.

It is very hot in *summer* in Thailand.
태국의 여름은 매우 덥습니다.

📝 각종 질병 이름

I didn't sleep well last night. I had *diarrhea*.
나는 어젯밤에 설사가 나서 제대로 못 잤습니다.

Cigarettes can cause *cancer*.
담배는 암을 유발할 수 있습니다.

연습문제 2-02

관사 a, an, the 중에서 어떤 것을 넣어야 할까요?
혹은 넣지 말아야 할까요?

1. Did you bring (a / (an) / the / X) umbrella?
   우산 있어요?

2. I checked (a / an / the / X) mailbox again.
   편지함을 다시 한 번 확인해볼게요.

3. Have you ever been to (a / an / the / X) Africa?
   아프리카에 가본 적이 있어요?

4. What (a / an / the / X) amazing view!
   정말 경이로운 경관이로군!

5. I don't like (a / an / the / X) basketball.
   나는 농구하는 것을 좋아하지 않아.

6. (a / an / the / X) love is such a beautiful thing.
   사랑은 정말 아름다운 것이에요.

7. **Tony traveled to** (a / an / the / X) **Mexico.**
   Tony는 멕시코 여행을 가봤어요.

8. **He works as** (a / an / the / X) **engineer.**
   그는 엔지니어 일을 하고 있어요.

9. **I live in** (a / an / the / X) **apartment.**
   (a / an / the / X) **apartment is new.**
   나는 아파트에 살아. 그 아파트는 새로 지은 것이야.

10. **Paula is** (a / an / the / X) **Irish.**
    Paula는 아일랜드 사람이에요.

Quantifiers
수량형용사

24 수량형용사를 사용하여 수량 말하기

사람의 숫자나 사물의 수량을 말해야 할 때는 1, 2, 3, 4, 5처럼 정확한 숫자를 써 주면 됩니다. 하지만 불가산명사의 경우 정확한 숫자나 그 수량을 세기 매우 어렵습니다. 셀 수 없는 것들의 수량을 말할 수 있도록 도와주는 약간, 매우 많이, 아주 조금 같은 단어를 수량형용사(quantifiers)라고 합니다.

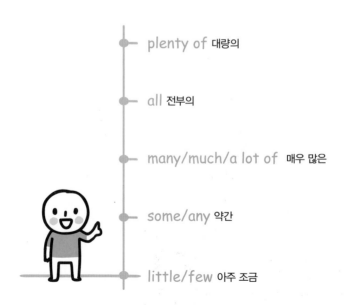

plenty of 대량의

all 전부의

many/much/a lot of 매우 많은

some/any 약간

little/few 아주 조금

25 some, any

some과 any는 둘 다 명사 앞에서 정확한 수량은 아니지만 '약간'의 의미를 나타냅니다. some과 any는 가산명사에서든 불가산명사에서든 모두 사용할 수 있습니다. 대개 some은 일반적인 서술문 any는 부정문에서 사용합니다.

 약간 있다

서술문

some

● 가산명사(약간은 하나 이상이기 때문에 복수 형태)
● 불가산명사

의문문/부정문

any

● 가산명사(약간은 하나 이상이기 때문에 복수 형태)
● 불가산명사

I have _some_ friends.
나는 몇몇 친구가 있어요.

There are _some_ apples on the table.
테이블 위에 사과 몇 개가 있어요.
(어떤 table인지 말하기 위해 앞에 the를 사용)

I'd like _some_ water.
물 좀 마시고 싶어요.

Get _some_ bread from the market.
시장에 가서 빵 좀 사 오세요.

Have you got _any_ friends?
친구 좀 사귀었어요?

Are there _any_ tomatoes in the fridge?
냉장고에 토마토가 좀 있나요?

He doesn't eat _any_ cheese.
그는 어떤 치즈도 먹지 않아요.

I haven't got _any_ emails from you.
나는 당신으로부터 아무런 이메일도 받지 않았어요.

Is there any coffee left?
커피가 좀 남아 있나요?
(의문문 any를 사용)

Are there any oranges?
오렌지가 좀 남아 있나요?
(의문문 any를 사용)

Yes, there is some.
네. 조금 남아 있어요.
(서술문 some을 사용)

Yes, there are some.
네. 조금 남아 있어요.
(서술문 some을 사용)

No, there is not any.
남아 있지 않아요.
(부정문 any를 사용)

No, there aren't any.
남아 있지 않아요.
(부정문 any를 사용)

🔖 some을 이용해서 요청이나 제안하기

앞에서 설명한 대로 some은 일반적으로 서술문에서 사용합니다. 하지만 요청이나 제안하는 문장이라면 문장의 성격이 의문문에 속할지라도 any를 사용하지 않습니다.

Would you like _some_ orange juice?
오렌지주스 좀 마실래요?
(제안하기)

Can I have _some_ water, please?
물 좀 마실 수 있을까요?
(요청하기)

Would you mind lending me _some_ money?
돈 좀 빌려줄 수 있어요?
(요청하기)

26 a few, a little, few, little

a few, a little, few, little 이 네 단어는 명사 앞에서 쓰이며 아주 조금, 아주 약간의 의미를 가지고 있습니다. 이 네 단어는 모두 의문문이나 부정문에서는 사용할 수 없으며 서술문에서만 사용할 수 있습니다.

앞에 a가 있는 것과 없는 것에는 어떤 차이가 있을까요? a가 있다면 적지만 충분하다는 긍정적인 느낌을 나타내고 a가 없다면 있기는 있지만 아주 적어서 거의 없는 정도의 부정적인 느낌을 나타냅니다.

▶ **문장에서 활용하기**

a few, a little	few, little
I've got *a few* friends. We meet every week. 나는 몇몇의 친구들이 있어. 우리는 매주 만나.	I've got *few* friends. I need to make new friends. 나는 친구가 거의 없어. 새로운 친구를 사귀어야겠어.
I've got *a little* money. I'm going to the cinema. 나는 돈이 조금 있어.(영화를 보기엔 충분한) 영화를 보러 갈 거야.	I've got *little* money. I need to borrow some. 나는 돈이 거의 없어. 좀 빌려야겠어.

조금 있지만 충분한 것, 조금 있지만 거의 없는 것. 이 두 가지의 차이를 명확하게 알겠나요? 그리고 a few와 few는 가산명사(복수명사), little과 a little은 불가산명사에 쓰입니다.

a few, few +

가산명사

(조금 있기는 하지만 하나보다는 많기 때문에 복수 형태)

a little, little +

불가산명사

a few, few

Kate has <u>*a few*</u> relatives.
Kate는 친척들이 몇몇 있어요.
(a few를 사용해서 긍정적인 느낌)

<u>*Few*</u> animals can survive in this desert.
몇몇의 동물들만 이 사막에서 살아남을 수 있어요.
(few를 사용해서 거의 없는 듯한 느낌)

a little, little

I speak <u>*a little*</u> Chinese.
나는 중국어를 조금 할 줄 알아요.
(a little을 사용해서 긍정적인 느낌)

We had <u>*little*</u> cold weather last winter.
작년 겨울은 별로 춥지 않았어요.
(little을 사용해서 거의 그렇지 않다는 느낌)

27 many, much

many와 much는 명사 앞에서 쓰이며 수량이 매우 많다는 의미를 가지고 있습니다. 이 단어들은 서술문이든 부정문이든 의문문이든 상관없이 모두 사용할 수 있습니다.

서술문, 의문문, 부정문

가산명사
(하나보다는 많기 때문에 복수 형태)

불가산명사

There are <u>*many*</u> students in this Mathematics class.
이 수학 수업에는 매우 많은 학생들이 있어요.

There aren't <u>*many*</u> students in this Mathematics class.
이 수학 수업에는 학생들이 많지 않아요.

How <u>*many*</u> students are there in this Mathematics class?
이 수학 수업에는 얼마나 많은 학생이 있나요?

Tony has <u>*much*</u> money.
Tony는 돈이 아주 많아요.

Tony doesn't have <u>*much*</u> money.
Tony는 돈이 많지 않아요.

How <u>*much*</u> money does Tony have?
Tony는 돈을 얼마나 가지고 있어요?

— We have many bananas in the fridge.
우리 냉장고에는 바나나가 많아요.

— We don't have many bananas in the fridge.
우리 냉장고에는 바나나가 많지 않아요.

— How many bananas do we have in the fridge?
우리 냉장고에 바나나가 얼마나 있어요?

— She has got much patience.
그녀는 인내심이 강해요.

— She hasn't got much patience.
그녀는 인내심이 강하지 않아요.

— How much patience has she got?
그녀는 인내심을 얼마나 가지고 있나요?

Memo

much는 물건의 값을 말할 때도 사용합니다 How much is this car? 혹은 How much does this car cost? 이 두 문장은 모두 '이 차량은 얼마예요?'의 뜻을 가지고 있어요.

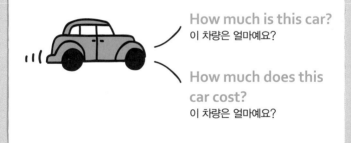

How much is this car?
이 차량은 얼마예요?

How much does this car cost?
이 차량은 얼마예요?

28 a lot of, lots of, plenty of

a lot of와 lots of는 매우 많다는 의미를 가지고 있습니다. many와 much처럼
말입니다. 하지만 a lot of와 lots of는 구어체에서 사용하는 단어입니다. 공식적
인 문서상에서는 a great deal of나 many 혹은 much를 사용합니다. a lot of
와 lots of의 용법은 같기 때문에 서로 바꿔서 쓸 수 있습니다.

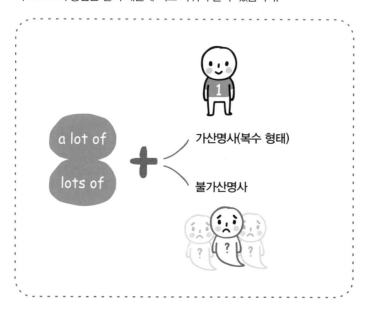

나는 외국에 살고 있는 친구가 많아요.

> **_A lot of_ my friends live abroad.**

> **_Lots of_ my friends live abroad.**

언어를 배우려면 많은 시간이 필요해요.

A lot of time is needed to learn a language.

Lots of time is needed to learn a language.

행운과 사랑으로 가득하길 바라요.

Hope you have _a lot of_ luck and love.

Hope you have _lots of_ luck and love.

How much money do you have?
돈을 얼마나 가지고 있어요?

I have got _a lot_.

많이 있어요.

I have got _lots of_ money.

돈이 많이 있어요.

I haven't got _a lot of_ money.

돈이 많지 않아요.

I haven't got _lots of_ money.

돈이 많이 없어요.

✍ plenty of

이 단어는 수량이 충분히 많은 것을 뜻합니다. 사용법은 a lot of, lots of와 같습니다. 보통 긍정적인 의미로 쓰이며 주로 서술문에서 사용됩니다.

가산명사(복수 형태)
&
불가산명사

There is _plenty of_ time.
시간은 많아요.(충분해요)

Plenty of shops accept credit cards.
많은 상점들이 신용카드를 받아요.

There are _plenty of_ apples in the fridge.
냉장고에 많은 사과가 있어요.

Plenty of girls want to go out with him.
많은 여자들이 그와 데이트를 하고 싶어 해요.

93

29 each, every

each의 뜻은 '매~'이고, every는 '모든, 전부'의 뜻을 가지고 있습니다. 이 두 단어의 뜻과 사용법은 매우 비슷합니다.

each와 every는 모두 매 한 개, 매 한 건을 강조하고 있습니다. '모든 사람이 책을 읽고 있어요'는 '한 사람 한 사람 모두 책을 읽고 있어요'와 같은 뜻이에요. 그렇기 때문에 every와 each는 단수명사에 쓰입니다. all은 전체, 포함되어 있는 전부를 뜻하는 것이기 때문에 복수 형태와 사용합니다.

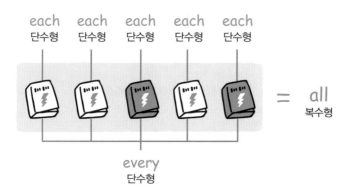

each와 every의 용법은 매우 비슷합니다. 하지만 그중 하나를 강조하고 싶다면 each를 사용하고, 모든 것을 강조하고 싶다면 every를 사용합니다.

Each artist is sensitive.
각각의 예술가들은 모두 매우 예민합니다.

Every artist is sensitive.
모든 예술가는 예민합니다.

Each book costs 19 dollars.
각각의 책들은 19달러에요.

Every book on the shelf costs 19 dollars.
선반에 있는 모든 책들은 19달러에요.

Each person has his or her own opinion.
사람들은 모두 각자의 의견이 있어요.

Every person has his or her own opinion.
모든 사람은 자신의 의견이 있어요.

30 all, none of the, no

all의 뜻은 전부입니다. 충분하거나 가득하다는 것을 나타내기 위해 사용합니다. none of the와 no는 그 반대의 뜻입니다. 완전히 없다는 것을 의미합니다.

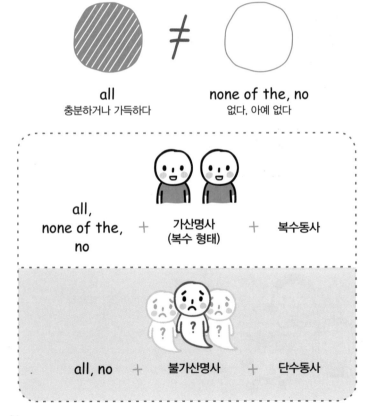

all
충분하거나 가득하다

none of the, no
없다, 아예 없다

| all, none of the, no | + | 가산명사 (복수 형태) | + | 복수동사 |
| all, no | + | 불가산명사 | + | 단수동사 |

All mangoes on the table are sweet.
테이블 위에 있는 망고는 모두 달아요.

None of the mangoes on the table
are sweet.
테이블 위에 있는 망고 중에는 단 게 없어요.

No mangoes on the table are sweet.
테이블 위에 있는 망고 중에서 단 망고는 없어요.

❗ none of the와 no는 부정의 의미를 담고 있습니다.

All students are in
the mathematics class.
모든 학생은 수학 수업을 듣고 있어요.

None of the students
are in the mathematics
class.
수학 수업을 듣고 있는 학생은 없어요.

There are ***no*** students in
the mathematics class.
수학 수업에는 학생이 없어요.

All water here is dirty.
여기 물은 모두 더러워요.

No water here is dirty.
여기 물은 모두 더럽지 않아요.

Memo

none of the는 가산명사의 복수
형태에서만 쓸 수 있어요.

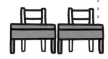

Memo

all과 none은 뒤에 따라오는 명사 없이 일반적인 대명사로 쓸 수 있어요.

We had waited for our friends for 3 hours but _none_ showed up.
우리는 이미 세 시간이나 친구들을 기다렸지만 아무도 오지 않았어요.

We had waited for our friends for 3 hours and then _all_ showed up.
세 시간이나 기다려서야 비로소 친구들이 모두 왔어요.

만약 앞에 문장 없이 all과 none을 사용하면 듣는 사람은 일반적으로 모든, 무엇이나, 아무런의 뜻으로 이해하게 될 거예요.

a number of, the number of

이 두 단어는 매우 비슷해 보이지만 뜻과 사용법에는 커다란 차이가 있습니다.
a number of의 뜻은 수량이 많다는 뜻입니다. 그렇기 때문에 당연히 단수명사
에는 쓰이지 않습니다.
the number of는 어떤 수를 강조하는 것이기 때문에 단수의 성질을 가지고 있
습니다. 그래서 단수명사와 사용합니다.

A number of people *are* walking in the park.
많은 사람들이 공원에서 산책을 하고 있어요.

The number of people
walking in the park *has*
increased.
공원에서 산책하는 사람들의 수가 늘고 있어요.

A number of assignments *are* waiting for me.
많은 과제들이 나를 기다리고 있어요.

The number of assignments *is*
the same as last year.
과제의 수는 작년과 같아요.

· 연습문제 3-01 ·

뜻에 맞는 알맞은 수량을 골라서 문장을 완성하세요.

some, any
a little, little
a few, few
much, many
a lot of, lot of

1. He needs to make (some / any) friends.
   그는 친구를 좀 사귀고 싶어 해요.

2. My mom doesn't read (some / any) poetry.
   우리 엄마는 어떠한 시도 읽지 않아요.

3. Have you got (some / any) emails from Kate?
   Kate로부터 아무런 이메일을 받지 않았어요?

4. She has (a little / a few) relatives.
   그는 친척들이 몇몇 있어요.

5. I speak (a little / a few) French.
   나는 프랑스어를 조금 할 줄 알아요.

6. We had (few / little) snow last winter.
   지난 겨울에는 눈이 거의 안 왔어요.

7. **There is** (few / little) **water in the pond.**
연못에 물이 거의 없어요.

8. **I wrote** (much / many) **poems.**
나는 시를 매우 많이 썼어요.

9. **She hasn't got** (much / many) **patience.**
그녀는 인내심이 많지 않아요.

10. **I have got** (lots of / many) **money.**
나는 돈이 매우 많아요.

11. **London has** (much / a lot of) **beautiful buildings.**
런던에는 아름다운 빌딩들이 매우 많아요.

12. **How** (much / many) **is this pen?**
이 펜은 얼마예요?

Answers

1. some	2. any	3. any	4. a few	5. a little
6. little	7. little	8. many	9. much	10. lots of
11. a lot of	12. much			

Pronouns
대명사

대명사란 무엇인가요?

대명사는 명사를 대신해 지칭하는 명사를 말합니다. 대명사는 사람과 사물 모두 사용할 수 있고 대화를 더 간결하고 쉽게 해주는 역할을 합니다. 예를 들어볼게요.

cat(고양이)은 it(그)으로
Mary(메리)는 she(그녀)로
teenagers(십대들)는 they(그들)로

생각해보세요. 만약 우리가 일상생활에서 대명사를 쓰지 않고 명사만 사용한다면 우리가 평소에 하는 대화는 어떤 식이 될까요?

 우리 집에는 고양이 한 마리가 있어요.

 고양이는 샴고양이에요.

 고양이는 세 가지 색이 있는 고양이에요.

 고양이는 장난꾸러기이고 들러붙어요.

 나는 고양이를 매우 사랑해요.

문장에 고양이가 몇 번 나오는지 세어봤나요? 일상생활에서 말이든 글이든 이렇게 말하는 사람은 아마 없을 것입니다. 이렇듯 말을 더욱 매끄럽게 하기 위해 대명사를 사용합니다. 바로 이렇게 말입니다.

I have a *cat* at my home.
It is Siamese.
It has 3 colors.
It's naughty and clingy.
I love *it* so much.

우리 집에는 고양이 한 마리가 있어요. 걔는 삼고양이에요. 걔는 세 가지 색을 가졌어요. 걔는 장난꾸러기이고 들러붙어요. 나는 걔를 매우 사랑해요.

위의 대명사들은 이미 말했던 명사를 계속해서 말할 수 없기 때문에 대신하는 것입니다. 대명사는 말하는 사람과 듣는 사람이 서로 아는 대상을 말할 때 사용할 수도 있습니다. 서로 이미 알고 있는 명사를 대명사로 대체합니다.

③③ 문장에서 주어를 대신하는 대명사

인칭대명사(subject pronouns)는 대명사의 한 종류로, 문장에서 주어를 대신하는 명사입니다.

아버지가 밥을 드세요.
(문장의 주어 아버지를 인칭대명사로 대체해야 함)

여동생이 학교에 가요.
(문장의 주어 여동생을 인칭대명사로 대체해야 함)

축구선수가 연습을 하고 있어요.
(문장의 주어 축구선수를 인칭대명사으로 대체해야 함)

PART 04 대명사

105

영어에서 사용하는 인칭대명사에서 가장 중요한 점은 명사의 성별과 성질을 알맞게 맞춰줘야 한다는 것입니다. 예를 들어볼게요.

I 나	말하는 사람 (1인칭)
You 너	듣는 사람. 한 사람 혹은 여러 사람 모두 가능 (2인칭)
We 우리	말하는 사람. 한 사람보다 많을 경우 (1인칭)
He 그(남자)	언급되는 남자(한 명) (3인칭)
She 그(여자)	언급되는 여자(한 명) (3인칭)
It 그것(사물)	언급되는 동물이나 사물
They 그들(사람, 사물)	언급되는 단체(남녀 모두), 동물이나 사물(하나 이상의)

Tony is an engineer.
He is an engineer.
(Tony를 he로 대신함)

The computer is on the table.
It is on the table.
(the computer를 it으로 대신함)

What happened?
You look tired.
(듣는 사람을 you로 대신함)

There's a company party tonight.
We'll join.
(여러 명이 포함된 우리를 we로 대신함)

The cat is sleeping on the tree.
It seems very happy.
(고양이는 동물이기 때문에 it으로 대신함)

The football players are running in the field.
They are playing in a big match.
(the football players를 they로 대신함)

문장에서 목적어를 대신하는 대명사

목적격대명사(object pronouns)는 문장에서 목적어를 대신하는 명사입니다.

나는 Kate를 좋아해요.
(문장의 목적어 Kate를 목적격대명사로
대체해야 함)

우리는 지금 책을 사러 막 서점에 가려고 했어요.
(문장의 목적어 책을 목적격대명사로 대체해야 함)

나는 Tony를 알아요.
(문장의 목적어 Tony를 목적격대명사로
대체해야 함)

영어에서 목적격대명사는 서로 짝이 맞는 용법이 있어요. 예를 들어볼게요.

me	나	말하는 사람(1인칭)
you	너	듣는 사람. 한 사람 혹은 여러 사람 모두 가능(2인칭)
him	그(남자)	언급되는 남자(한 명)(3인칭)
her	그(여자)	언급되는 여자(한 명)(3인칭)
us	우리	말하는 사람. 한 사람보다 많을 경우(1인칭)
it	그것(사물)	언급되는 동물이나 사물
them	그들(사람, 사물)	언급되는 단체(남녀 모두), 동물이나 사물(하나 이상의)

Kate told *me* the truth.
Kate가 나에게 진실을 말해줬어요.
(나의 목적격대명사인 me를 사용)

I like this movie. I saw *it* last week.
나는 이 영화를 좋아해요. 나는 이걸 지난주에 봤어요.
(it을 사용해서 목적어인 movie를 대신함)

They are my friends. I like *them*.
그들은 내 친구예요. 나는 그들을 좋아합니다.
(them을 사용해서 목적어인 friends를 대신함)

I like him but he doesn't like *me*.
나는 그를 좋아해요. 그런데 그는 나를 좋아하지 않아요.
(him과 me는 문장의 목적격대명사로 쓰임)

He's talking to *her* about *it*.
그는 그녀에게 이 일에 대해서 말해주고 있어요.
(her와 it는 문장의 목적격대명사로 쓰임)

연습문제 4-01

알맞은 대명사를 골라보세요.

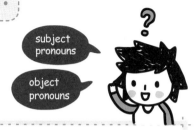

subject pronouns

object pronouns

1. .... (Kate) often reads books.

그녀는 자주 책을 읽어요.

2. .... (The dress) is pink.

그것(드레스)은 분홍색이에요.

3. How are your kids? I haven't seen .... for ages.

당신의 아이들은 어때요? 나는 굉장히 오랫동안 그들을 보지 못했어요.

4. Your mom is fantastic! I like .... very much.

네 어머니는 정말 대단하셔! 나는 그녀가 정말 좋아.

5. .... (The pictures) are on the wall.

이것(사진들)들은 벽에 걸려 있어.

6. .... (Sam) is driving his new car.

그(Sam)는 그의 새 자동차를 운전하고 있어.

7. .... (Jane) does not like .... (Tony).

그녀(Jane)는 그(Tony)를 좋아하지 않아.

8. Is that Paula's new boyfriend? Don't ask me, ask

....

저 사람이 Paula의 남자친구야? 나한테 물어보지 마, 그녀에게 물어봐.

9. .... (My brother and I) are watching TV.

우리는(오빠와 나) 텔레비전을 보고 있어.

10. Where are my books? Oh, I've lost ....

내 책들이 어디 있지? 오, 그것들을 잃어버렸어.

Answers

1. She	2.It	3. them	4. her	5. They
6. He	7.She, him	8. her	9. We	10. them

35 자신을 강조하는 대명사

영어에서 어떤 대명사는 누군가에 의해 일어난 일을 강조합니다. 내가 스스로, 그가 스스로, 그녀가 스스로처럼 말입니다. 이처럼 주체가 되어 한 행동을 강조하기 위해 사용되는 대명사가 있는데 이를 재귀대명사(reflexive pronouns)라고 합니다.

내가 스스로 책을 손질했어.
(내가 했다는 것을 강조함)

엄마가 자신의 요리 솜씨를 뽐내셨어.
(엄마가 했다는 것을 강조함)

이런 대명사의 또 다른 용법에 대해 알아보겠습니다. 문장에서 주어와 목적어가 같은 사람, 동물 혹은 사물일 경우, 재귀대명사를 문장의 목적어로 쓸 수 있습니다.

Kate는 혼자서 넘어졌어요.
(문장의 주어와 넘어진 사람이 같음)

Jim은 거울 속의 자신을 보고 있어요.
(문장의 주어와 바라보는 대상이 같음)

본인을 강조하는 재귀대명사의 예는 다음과 같습니다

reflexive pronouns
재귀대명사

I	자기 자신	**myself**
You	너 자신	**yourself**
He	그 자신	**himself**
She	그녀 자신	**herself**
It	그/그 자신	**itself**
We	우리 자신(복수형)	**ourselves**
You	너희 자신(복수형)	**yourselves**
They	그들 자신(복수형)	**themselves**

PART 04 대명사

He hurt _himself_.
그는 혼자서 다쳤어.

My cat licks _itself_.
내 고양이는 <u>스스로를</u> 핥아.

I wrote it _myself_.
이건 내가 직접 썼어.

They cleaned the room _themselves_.
그들은 스스로 방청소를 했어.

- -

이 밖에도 재귀대명사는 by와 함께 써서 혼자서 어떤 일을 했다는 것을 강조할 수 있습니다. 예를 들어볼게요.

I cook dinner _myself_.
내가 직접 저녁밥을 지었어.
(혼자서 한 게 아니라 누군가의 도움이 있을 수도 있음.
하지만 이 문장은 스스로 밥을 했다는 데에 의미가 있음)

I cook dinner by _myself_.
내가 혼자서 저녁밥을 지었어.
(다른 사람의 도움 없이 혼자서 밥을 지었음)

· 연습문제 4-02 ·

reflexive pronouns

빈칸을 올바른 재귀대명사로 채우세요.

1. Tony made this T-Shirt ....himself.......... .
   Tony는 직접 이 T-Shirt를 만들었어요.

2. Did you write this poem ....?
   이 시를 당신이 직접 썼어요?

3. She cut .... with the knife.
   그녀는 칼로 자기를 베었어요.

4. The lion can defend ....
   사자는 스스로를 지킬 수 있어요.

5. Did the children behave ....?
   아이들은 자신들의 본분을 다 했나요?

PART 04 대명사

Answers

1. himself	2. yourself	3. herself	4. itself
5. themselves			

117

36 소유권을 나타내기

일반적으로 어느 물건이 누구의 것이라고 말할 때 '~의'를 명사 앞에 위치시켜 말합니다. 우리의 집, 그의 자동차, Kate의 고양이처럼 말입니다.

소유권을 나타내는 방식에는 두 가지가 있습니다. 첫 번째는 소유형용사(possessive adjectives)를 사물의 앞에 써서 누구의 것인지 말하는 것입니다.

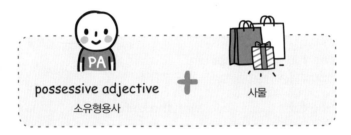

possessive adjective
소유형용사 **+** 사물

소유형용사의 종류는 아래와 같아요.

my	나의
your	너의
his	그의
her	그녀의
its	그의
our	우리의
their	그들의

his

His jacket is black.
그의 재킷은 검은색이에요.
(his를 jacket 앞에 두었음)

my

This is *my* bedroom.
이곳은 나의 침실이에요.
(my를 bedroom 앞에 두었음)

our

This is *our* school.
여기는 우리 학교예요.
(our를 school 앞에 두었음)

my

She is *my* sister.
그녀는 나의 동생이에요.
(my를 sister 앞에 두었음)

📝 소유대명사를 이용해서 소유권을 나타내기

두 번째는 소유대명사를 이용해서 소유권을 나타내는 방법입니다. 소유대명사의 종류는 아래와 같습니다.

mine	나의 것	its	그것
yours	너의 것	ours	우리 것
his	그의 것	yours	너희 것
hers	그녀의 것	theirs	그들 것

하지만 용법은 조금 다릅니다. 우선 사물을 앞에 두고 be 동사(is, am 혹은 are)로 연결해주고 마지막에 소유대명사를 사용하는 것입니다.

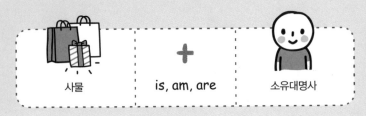

| 사물 | + is, am, are | 소유대명사 |

possessive
adjectives
소유형용사

possessive
pronouns
소유대명사

It is my car.
이것은 나의 자동차예요.

This car is mine.
이 차는 나의 것이에요.

His jacket is black.
그의 재킷은 검정색이에요.

The black jacket is his.
이 검정색 재킷은 그의 것이에요.

This is our school.
이곳은 우리 학교예요.

This school is ours.
이 학교는 우리 것이에요.

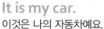

This is my bedroom.
이곳은 나의 침실이에요.

This bedroom is mine.
이 침실은 나의 것이에요.

빈칸에 알맞은 소유형용사나
소유대명사를 쓰세요.

adjectives
or
pronouns

1. ....MY.... computer is a Mac, but ....Yours.... is a PC.

2. You can't have any chocolate! It's all ....

3. June has a new car. .... car is white.

4. We have a dog. .... name is Bogie.

5. Paula is from England. .... husband is from China.

6. Our house is cheap, but .... is expensive.

7. He has broken .... leg.

8. We gave them .... phone number.

9. Two students didn't do .... Japanese homework.

10. Where is .... book?

Answers

1. My, yours	2. mine	3. Her	4. Its	5. Her
6. yours	7. his	8. our	9. their	10. my

이름으로 소유권 나타내기

물건을 나의 것, 너의 것, 혹은 그의 것이라고 말하는 것 이외에 조금 더 명확하게 그 물건이 누구의 것인지 직접 말하는 경우도 있습니다. 소유형용사를 사용할 필요도 없이 간단하게 's 만 사용해주면 됩니다!

사물

It is Kate's cat.
이것은 Kate의 고양이에요.

This doll is Mary's.
이 인형은 Mary의 것이에요.

That is Tony's castle.
저것은 Tony의 성이에요.

Billy's car is in the garage.
Billy의 차는 차고에 있어요.

's는 이름 이외에 일반 명사 뒤에도 쓸 수 있습니다.

noun + 's

This toy is that boy's.
이 장난감은 저 남자아이의 것이에요.

The children's textbooks are on the table.
아이들의 교재는 책상 위에 있어요.

주의해야 할 점이 있습니다. 만약 명사 자체에 이미 s가 붙어 복수 형태인 상태에서 소유권을 나타내려면 ' 부호만 붙여주면 됩니다. 또 다른 s를 하나 더 붙일 필요가 없답니다!

plural noun <u>S</u> + '

The boys' parents are here.
저 남자아이들의 부모님은 이곳에 계셔요.

I can see the dogs' tails wagging.
나는 저 개들이 꼬리를 흔드는 게 보여요.

Adjectives
형용사

38 형용사란 무엇인가요?

형용사는 명사를 꾸며주는 역할을 합니다. 명사의 성질을 더욱 명확하게 나타내며, 돋보이게 하기 위해서입니다. 예를 들어볼게요.

예쁜 여자
(예쁜은 형용사로, 여자를 수식해주는 말이에요)

검정색 자동차
(검정은 형용사로, 자동차를 수식해주는 말이에요)

내가 이사 간 새로운 집
(새로운은 형용사로 집을 수식해주는 말이에요)

이걸로 형용사의 용도를 쉽게 알 수 있겠죠? 이번에는 영어에서 어떻게 형용사를 사용해서 명사를 수식해주는지 알아보겠습니다.

Rich people have *expensive* cars.
돈이 많은 사람들은
비싼 차를 가지고 있어요.

The *fat* cat is stealing the fish.
뚱뚱한 고양이가
생선을 훔치고 있어요.

Have you ever read _French_ novels?
프랑스 소설을 읽어본 적이 있어요?

There is _some_ milk in the fridge.
냉장고에 약간의 우유가 있어요.

Tony won the _second_ prize last week.
Tony는 지난주에 2등을 했어요.

This is _my_ friend. _Her_ name is Kate.
여기는 내 친구예요. 그녀의 이름은 Kate예요.

예문을 보면 영어에서 명사를 수식하는 형용사는 굉장히 많은 종류가 있다는 걸 알 수 있습니다. 성질을 나타내는 형용사도 있고(비싼, 뚱뚱한, 돈이 많은), 국적을 나타내는 것도 있고(프랑스의), 수량을 나타내는 것도 있고(약간), 소유권을 나타내는 것도 있으며(나의, 그녀의), 순서를 나타내는 것도 있습니다(두 번째, 2등).

그렇습니다. 형용사는 종류가 매우 많습니다. 우리가 앞에서 배운 여러 가지 수량형용사(Part 3)처럼 말입니다. 이번 단원에서는 자주 쓰이는 형용사들에 대해서 배워보겠습니다.

39 문장에서 형용사가 들어가는 위치

문장에서 형용사가 들어갈 수 있는 위치는 단 두 곳뿐입니다. 사용할 때 잊지 마세요.

1. 수식해줄 명사의 앞

2. be 동사(be, is, am, are, was, were, been)의 뒤 혹은 특별한 규칙을 가지고 있는 동사의 뒤

   예 : look(보다), appear(드러나다), seem(보이다), feel(느끼다), taste(맛이 나다), smell(냄새가 나다), sound(들리다).

He lives in a _big_ house.
그는 큰 집에서 살아요.

- -

Tony bought a _beautiful_ car.
Tony는 멋진 자동차를 샀어요.

- -

I feel _happy_ today.
나는 오늘 매우 행복해요.

- -

40 특징을 묘사하는 형용사

형용사 중 가장 많이 쓰이는 종류는 서술형용사입니다. 서술형용사는 크기, 색깔, 형태처럼 주로 명사의 특징을 묘사하는 데 쓰입니다.

서술형용사

다시 말해 서술형용사는 뚱뚱하고 마르고, 크고 작고, 검고 희고, 길고 짧고, 늙고 어리고, 예쁘고 멋진 것처럼 색깔이나 능력 혹은 감정을 나타내는 형용사입니다. 이해가 되었나요? 이런 종류의 형용사는 굉장히 자주 쓰입니다! 서술형용사는 어떤 것들이 있는지 자주 쓰이는 것으로 예를 들어볼게요.

new(새로운), old(오래된, 늙은), young(어린)

good(좋은), nice(멋진), bad(나쁜)

fat(뚱뚱한), thin(마른), thick(두꺼운)

heavy(무거운), light(밝은), dark(어두운, 깊은)

better(더 좋은), great(매우 좋은), best(가장 좋은)

big(큰), large(거대한), small(작은), tiny(아주 작은)

high(높은), tall(키가 큰), short(짧은, 키가 작은), long(긴)

right(올바른, 오른쪽의), wrong(틀린), left(왼쪽의)

black(검은), white(하얀), expensive(비싼), cheap(싼)

elegant(고귀한), popular(유명한),

hot(뜨거운, 인기 있는)

cold(차가운), warm(따뜻한)

rich(부유한), poor(가난한, 불쌍한)

kind(친절한), fierce(흉포한, 격렬한)

diligent(근면한), lazy(게으른), comfortable(편안한)

private(개인의), open(열린, 공개적인)

serious(심각한, 중요한)

clever(똑똑한), fool(우둔한), intelligent(총명한), perfect(완벽한)

near(가까운), far(먼), close(근접한), simple(간단한)

common(보통의), general(일반적인), special(특별한)

important(중요한), hard(어려운, 딱딱한), easy(간단한)

soft(부드러운), full(가득한), empty(빈), free(자유의)

available(이용할 수 있는), clear(깨끗한), difficult(어려운), strong(강한)

weak(약한), happy(행복한), sad(슬픈), ugly(못생긴), beautiful(아름다운)

cute(귀여운), handsome(멋진), significant(중요한, 인상적인)

various(다양한), major(주요한), entire(모든), ready(준비된)

local(현지의), legal(합법의), delicious(맛있는)

This armchair looks *elegant* and *comfortable*.
이 안락의자는 고급스럽고 편해 보여요.

special people

That room is *private*.
It's for *special* people.
저 방은 개인실이에요.
그것은 특별한 사람들을 위한 곳이에요.

My cat is *white and grey*,
fat and *lazy*.
내 고양이는 하얗고 회색이며,
뚱뚱하고 게을러요.

Tony is a *perfect* guy. He is
handsome, *rich*, *kind* and
intelligent.
Tony는 완벽한 사람이에요.
그는 잘생기고, 부유하고, 친절하며, 똑똑해요.

41 국적을 나타내는 형용사

이번에 소개할 형용사는 고유형용사입니다. 고유형용사란 명사를 수식하는 소속된 국적을 나타내는 형용사를 말합니다. 이 형용사는 사실 그 나라를 뜻하는 명사에서 온 것입니다. 예를 들어볼게요.

고유 명사		고유형용사	
Korea	한국	Korean	한국의
America	미국	American	미국의
Britain	영국	British	영국의
Germany	독일	German	독일의
India	인도	Indian	인도의
Italy	이탈리아	Italian	이탈리아의
Japan	일본	Japanese	일본의
China	중국	Chinese	중국의

The *Chinese* language is important nowadays.
중국어는 오늘날 매우 중요해요.

I think *Italian* football players are handsome.
내 생각에 이탈리아 축구선수들은 잘생긴 것 같아요.

My mom employs a *Chinese* cook.
우리 엄마는 중국인 요리사 한 분을 고용했어요.

Have you ever read *French* novels?
프랑스 소설을 읽어본 적이 있어요?

42 정확한 숫자를 나타내는 형용사

이 형용사는 정확한 숫자를 나타내는 형용사입니다. 다시 말해 모든 숫자와 순서를 나타내는 말입니다. 우리는 평소에 자주 쓰는 숫자 순서가 형용사라는 걸 몰랐을 것입니다. 이런 형태의 형용사를 수 형용사라고 부릅니다.

📝 숫자

1 one	9 nine	17 seventeen	40 forty
2 two	10 ten	18 eighteen	50 fifty
3 three	11 eleven	19 nineteen	60 sixty
4 four	12 twelve	20 twenty	70 seventy
5 five	13 thirteen	21 twenty-one	80 eighty
6 six	14 fourteen	22 twenty-two	90 ninety
7 seven	15 fifteen	23 twenty-three	100 one-hundred
8 eight	16 sixteen	30 thirty	

There are _three_ apples and
two bananas on the table.
테이블 위에 사과 3개와 바나나 2개가 있어요.

Tony wants to buy _two_ cars.
Tony는 자동차 두 대를 사려고 해요.

There is _one_ student left
in the classroom.
교실에 학생 한 명이 남아 있어요.

📝 순서

1 first	6 sixth	11 eleventh	16 sixteenth
2 second	7 seventh	12 twelveth	17 seventeenth
3 third	8 eighth	13 thirteenth	18 eighteenth
4 fourth	9 ninth	14 fourteenth	19 nineteenth
5 fifth	10 tenth	15 fifteenth	20 twentieth

문장에서 순서를 나타낼 때는 앞에 반드시 the를 함께 써야 합니다.

Billy is _the first_ boy to be rewarded.
Billy는 상을 받은 첫 번째 사람이에요.

I am _the third_ child of my family.
나는 우리 집에서 셋째예요.

Kate won _the second_ prize at the company's lucky draw.
Kate는 회사 제비뽑기에서 2등상을 받았어요.

43 여러 개의 형용사를 순서에 맞게 사용하기

흰색의 새 자동차(하얀, 새로운), 저 크고 잘생긴 남학생(큰, 잘생긴), 검고 뚱뚱한 고양이(검은, 뚱뚱한)처럼 하나 이상의 형용사로 명사를 수식할 때가 있습니다. 이처럼 하나 이상의 형용사로 명사를 수식할 때, 어떤 형용사를 앞, 뒤에 배치해야 하는지는 정해진 규칙이 있습니다.

관사 지시어 소유격	순서	숫자	성질 성격	크기 길이
this that my his a the	the first the second	one two three	good bad hard beautiful difficult	fat short high slim

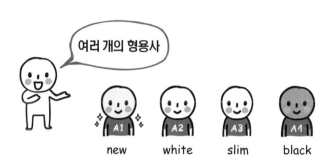

여러 개의 형용사

new   white   slim   black

외형	나이	색깔	국적	재질 재료	
round rectangular oval square	old young 15-year-old 25-year-old	yellow black white red	Korean Chinese French	metal plastic wooden silk paper	**+** 명사

형용사와 다른 형용사를 함께 사용할 때 어떻게 해야 하는지 아래의 표를 참고해주세요.

1. Japanese, food, delicious

2. horrible, trousers, green

3. comfortable, leather, a, sofa

4. silly, young, man, a

5. big, dinner, a, nice

6. paper, round, this, lamp, huge

nice

Japanese

dinner

138

	관사 지시어 소유격	순서	숫자	성질 성격	크기 길이	외형	나이	색깔	국적	재질 재료	명사
1.				delicious					Japanese		food
2.				horrible				green			trousers
3.	a			comfortable						leather	sofa
4.	a			silly			young				man
5.	a			nice	big						dinner
6.	This				huge	round				paper	lamp

연습문제 5-01

빈칸에 알맞은 형용사를 채워보세요.

1. clever, little, girl, a
2. a, sky, beautiful, blue
3. naughty, a, old, man
4. blue, socks, cotton
5. circular, large, room, a
6. blue, two, raincoats, plastic
7. wonderful, a, bamboo, table, old
8. singer, young, famous, a, Italian
9. middle-aged, businessman, Chinese, well-known, a
10. oval, leather, comfortable, armchair, a, old

관사 지시어 소유격	순서	숫자	성질 성격	크기 길이	외형	나이	색깔	국적	재질 재료	명사
1. a			clever	little						girl
2.										
3.										
4.										
5.										
6.										
7.										
8.										
9.										
10.										

141

Answers

	명사	재질 재료	국적	색깔	나이	외형	크기 길이	성질 성격	숫자	순서	관사 지시어 소유격
1.	girl						little	clever			a
2.	sky			blue				beautiful			a
3.	man				old			naughty			a
4.	socks	cotton		blue							a
5.	room					circular	large				a
6.	raincoats	plastic		blue					two		
7.	table	bamboo			old			wonderful			a
8.	singer		Italian		young			famous			a
9.	bussiness man		Chinese		middle -aged			well-known			a
10.	armchair	leather			old	oval		comfortable			a

PART 06

Verbs
동사

44 동사란 무엇인가요?

동사가 문장에서 하는 역할은 무엇일까요?

1. 주어의 동작   **예** : run(달리다), walk(걷다), eat(먹다), sing(노래 부르다)

주어의 동작

He _runs_ in the park every evening.
그는 매일 저녁 공원에서 달리기를 해요.

She _goes_ to work by KTX.
그는 KTX를 타고 출근해요.

They _sing_ and _dance_ very well.
그들은 노래 부르기와 춤추기를 매우 잘해요.

2. 주어의 상태나 상황   **예** : exist(존재하다), live(살다), is(~다)

주어의 상태

I _am_ an engineer.
나는 엔지니어예요.

They _live_ in Seoul.
그들은 서울에서 살고 있어요.

Billy _is_ a good man.
Billy는 좋은 사람이에요.

144

45 자동사와 타동사

자동사(intransitive verbs)는 뒤에 오는 사람이나 사물이 어떠한 서술어 없이 주어와 동사만으로 움직이는 동작을 충분히 이해할 수 있는 동사입니다. 자동사의 대표적인 예로는 가다, 달리다, 서다, 앉다, 자다, 뛰다 등이 있습니다.

intransitive verbs
자동사

run	뛰다	sit	앉다
sleep	자다	stand	서다
dance	춤추다	swim	수영하다
sing	노래 부르다	walk	걷다
stay	서다	sneeze	재채기하다
come	오다	lie	눕다
fly	날다	arrive	도착하다
survive	살아남다	exist	존재하다
die	죽다	occur, happen	발생하다

She _runs_ in the park every morning.
그녀는 매일 아침 공원에서 달리기를 해요.

I _swim_ every Sunday.
나는 매주 일요일 수영을 해요.

My father _sleeps_ in the bedroom downstairs.
아버지는 아래층에 있는 침실에서 주무세요.

Earthquakes _happen_ all year round in some countries.
몇몇 나라에서는 일 년 내내 지진이 발생해요.

서술어가 반드시 필요한 동사는 타동사(transitive verbs)라고 합니다. 타동사는 뒤에 오는 사람이나 사물 같은 서술어가 필요하고 주어와 동사만으로는 움직이는 동작을 명확하게 이해하기 어려운 동사입니다. 타동사의 대표적인 예로는 먹다(무엇을 먹는가), 사랑하다(누구를 사랑하는가), 좋아하다(누구를 좋아하는가, 무엇을 좋아하는가)가 있습니다.

give	주다	open	열다	like	좋아하다
get	얻다	close	닫다	love	사랑하다
buy	사다	want	원하다	take	가져오다
sell	팔다	eat	먹다	clean	깨끗하게 하다
bring	가져오다	wash	씻다		
write	쓰다	hold	잡다		
read	읽다	kick	차다		
see	보다	order	주문하다		
look	바라보다	hit	치다		

They _give_ money to beggars.
그들은 거지에게 돈을 주었어요.

She _writes_ email to customers.
그녀는 고객들에게 이메일을 썼어요.

I _order_ clothing from online shops.
나는 온라인숍에서 옷을 주문했어요.

습관이나 현재까지 계속되는 일반적인 사실을 동사로 표현할 때 주어의 성질에 따라 형식을 바꿔줘야 합니다.

만약 주어가 I, You, We, They나 복수명사일 경우엔 동사원형을 써야 되지만 He, She, It나 단수동사일 경우에는 반드시 동사 뒤에 s나 es를 붙여줘야 합니다.

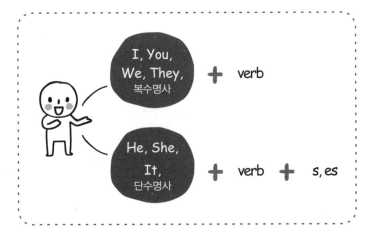

They _go_ to school by bus.
그들은 버스를 타고 학교에 가요.

Mary _goes_ to school by bus.
Mary는 버스를 타고 학교에 가요.

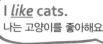

I *like* cats.
나는 고양이를 좋아해요.

She *likes* cats.
그녀는 고양이를 좋아해요.

I love *sing*
a song
나는 노래 부르는 것을
좋아해요.

He *loves* sing a song.
그는 노래 부르는 것을 좋아해요.

Memo

동사에 s나 es를 붙이는 것은 발음하는 소리에 따라 달라져요.
명사가 복수 형태가 될 때 s나 es를 붙이는 규칙과 똑같으니 기억이 잘
안 난다면 PART 01을 복습해보세요.

46 be동사

be동사는 동사의 한 종류로 ~이다(사람), ~이다(사물), ~에 있다를 나타낼 때 사용합니다. 현재형의 be동사는 세 가지로 is, am, are가 있습니다. 주어에 따라 어떤 것을 사용해야 하는지 알아보겠습니다.

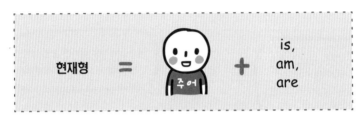

현재형 = 주어 + is, am, are

He, She, It, 단수명사 **+** is

He _is_ a policeman.
그는 경찰관이에요.

She _is_ in the classroom.
그녀는 교실에 있어요.

Tony _is_ Kate's boyfriend.
Tony는 Kate의 남자친구예요.

The clock _is_ on the wall.
시계는 벽에 걸려 있어요.

I **_am_** at the coffee shop.
나는 지금 커피숍에 있어요.

I **_am_** a student.
나는 학생이에요.

They **_are_** soldiers.
그들은 군인이에요.

We **_are_** volunteers.
우리는 자원봉사자예요.

You **_are_** my friend.
당신은 내 친구예요.

The cats **_are_** on the table.
고양이들이 테이블 위에 있어요.

Books **_are_** on the shelf.
책들은 선반에 있어요.

151

우리가 과거에 어디에 있었는지 혹은 어땠는지 등 상태를 말하기 위해선 반드시 be동사의 과거형을 사용해야 합니다. 과거형은 was와 were 두 가지가 있습니다.

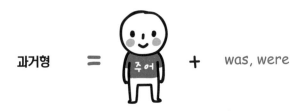

과거형 = 주어 + was, were

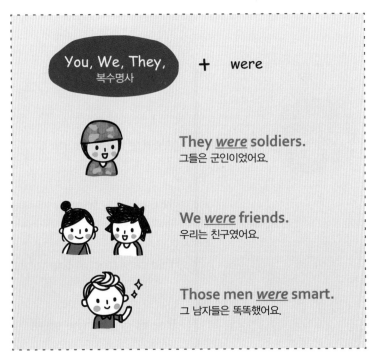

You, We, They,
복수명사 + were

They _were_ soldiers.
그들은 군인이었어요.

We _were_ friends.
우리는 친구였어요.

Those men _were_ smart.
그 남자들은 똑똑했어요.

He, She, It,
단수명사 · I + was

I **_was_** an accountant.
나는 회계사였어요.

He **_was_** at the coffee shop yesterday.
그는 어제 커피숍에 있었어요.

The weather **_was_** cold last week.
지난주의 날씨는 추웠어요.

47 have

have는 동사의 한 종류로, 주어가 '~를 가지고 있다'는 의미가 있습니다.
현재형에는 have와 has 두 가지가 있는데 주어에 따라 알맞은 것을 사용
해야 합니다.

I, You, We, They,
복수명사

+

have

They _have_ two sons.
그들은 두 명의 아들이 있어요.

We _have_ many friends.
우리는 친구들이 많아요.

I _have_ my own company.
나는 내 회사를 가지고 있어요.

The dogs _have_ their bowls.
개들은 자기만의 그릇이 있어요.

He, She, It,
딘수명사

+

has

He *has* a gun.
그는 총을 가지고 있어요.

She *has* a kitten.
그녀는 새끼 고양이를 가지고 있어요.

The stadium *has*
two exits.
체육관에는 두 개의 출구가 있어요.

과거에 무언가를 가지고 있었다고 말하기 위해서는 반드시 have, has의 과거형을 써야 합니다. have, has의 과거형은 had밖에 없어서 주어가 무엇이든 모두 had를 씁니다.

I *had* a big house.
나는 큰 집을 가지고 있었어요.

She *had* a handsome boyfriend.
그녀는 잘생긴 남자친구가 있었어요.

They *had* a lot of money.
그들은 많은 돈을 가지고 있었어요.

48 연결동사

연결동사(linking verbs)는 말 그대로 연결하는 기능을 하는 동사입니다. 주로 주어와 명사 혹은 형용사 사이를 연결하고 주어를 수식해주는 역할을 합니다. 연결동사 혼자서는 동작의 뜻을 가지고 있지 않으며, 주어와 연결되는 단어의 뜻을 강조하는 기능만 합니다.

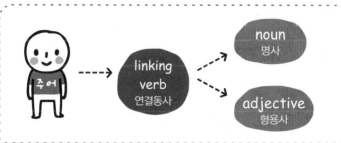

연결동사의 대표적인 예를 들어볼게요.

appear	보이다	**remain**	남아 있다
be	~이다(사람)	**seem**	~로 보이다
	~이다(사물)	**smell**	냄새가 나다
	~에 있다	**stay**	머무르다
become	~가 되다	**sound**	들리다
feel	느끼다	**taste**	맛보다
get	가져오다	**turn**	돌다, 돌리다
grow	자라다		
look	~처럼 보이다		

He _seems_ very happy.
그는 굉장히 행복해 보여요.

Her face _turns_ red.
그녀의 얼굴이 빨개졌어요.
(부끄러워지다)

Tony _appears_ sick.
Tony가 아파 보여요.

일반동사로 쓰이기도 하고 연결동사로도 쓰이는 동사가 있습니다. 예를 들어 볼게요.

They _look_ serious.
그들은 매우 심각해 보여요.
(look이 연결동사로 쓰여 주어를 연결하여
심각해 보이는 상태를 수식해주는 역할을 함)

They *looked* at the report.
그들은 보고서를 보고 있어요.
(looked가 일반동사로 쓰여 보고서를 보다처럼
주어가 무엇을 하고 있는지 설명함)

The food *tastes* delicious.
이 음식은 매우 맛있어요.
(tastes가 연결동사로 쓰여 주어를 연결하여
맛있어 보이는 상태를 수식해주는 역할을 함)

They *tasted* the food.
그들은 음식을 먹었어요.
(tasted가 일반동사로 쓰여 음식을 먹다
처럼 주어가 무엇을 하고 있는지 설명함)

49 정동사와 준동사

문장에서 두 개의 동사가 있을 때 하나는 정동사(finite verbs) 또 다른 하나는
준동사(non-finite verbs)일 수 있습니다. 어느 것이 정동사이고 어느 것이 준동
사인지 어떻게 구분해야 할까요?

finite verbs 정동사	non-finite verbs 준동사
1. I에는 am을 쓰고, You에는 are 을 쓰며, She에는 has를, 주어 가 단수명사일 때 s나 es를 붙여 야하는 것처럼 주어의 형태에 따라 영향을 받음.	1. 주어가 어떤 형태라도 주어의 영향을 받지 않음.
2. is를 was, have를 had로 바꾸고 동사에 ed를 붙이는 것처럼 시제 가 현재나 과거 혹은 미래로 바뀔 때 바뀐 시제의 영향을 받음.	2. 과거, 현재, 미래로 시제가 바뀌어도 영향을 받지않고 그 형태를 유지함.

아래의 예문에 있는 두 개의 동사 중에서 어떤 것이 정동사이고 준동사인지 구분해보세요.

Tony _likes_ **to swim.**

Tony는 수영하는 것을 좋아해요.

likes는 주어의 유형에 따라 s를 붙여줬기 때문에 정동사예요. swim은 주어의 형태나 시제에 관계없이 형태를 유지하는 준동사예요.

- -

She _tries_ **to help** him.

그녀는 그를 도와주려 해요.

tries는 주어의 유형에 따라 s를 붙여줬기 때문에 정동사이고 to help는 준동사예요.(to 부정사) 주어의 유형이나 시제에 따라 형태가 바뀌는 것이 아니기 때문이죠.

- -

They _are_ **_writing_** a letter.

그들은 편지를 쓰고 있어요.

are는 they에 맞는 형태를 사용했기 때문에 정동사이고 writing은 준동사예요.(분사) 주어의 유형이나 시제에 따라 형태가 바뀌는 것이 아니기 때문이죠.

📝 준동사

준동사는 동사의 형태가 바뀐 것이지만 문장에서 동사의 역할을 하는 것은 아닙니다. 준동사의 세 가지 유형에 대해 알아보겠습니다.

1. 동명사(gerunds)는 동사에 ing를 붙여서 만들어 동사가 명사의 기능을 합니다.

$$\underset{\text{동사}}{\text{verb}} \quad + \quad \text{ing} \quad = \quad \underset{\text{명사}}{\text{noun}}$$

2. 부정사(infinitives)는 두 가지로 나뉘어요. 하나는 동사 앞에 to를 붙이는 것이고 다른 하나는 to를 붙이지 않고 동사원형을 씁니다.

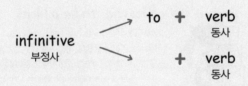

3. 분사(participles)도 두 가지로 나뉘어요. 동사에 ing를 붙이는 것과 과거분사형 입니다.

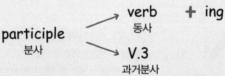

준동사는 동사의 형태에 약간의 변화를 주어 만드는 것이고 ing나 to 또는 ed 를 붙입니다. 문장에서 정동사가 동사 역할을 하기 때문에 준동사 자체가 동사의 역할을 하지는 않습니다.

· 연습문제 6-01 ·

문장에서 색칠된 동사가
정동사인지 준동사인지 구분해보세요.

finite
(정동사)

non-finite
(준동사)

1. June does her homework everyday.
   June은 매일 숙제를 해요.

   정동사

2. Sam is running right now.
   Sam은 지금 달리기를 하고 있어요.

3. They are writing emails.
   그들은 이메일을 쓰고 있어요.

4. Kate speaks French very well.
   Kate는 프랑스어를 매우 잘 해요.

5. The reports have been examined today.
   보고서는 오늘 이미 검사를 받았어요.

6. He had a big motorcycle.
   그는 큰 오토바이를 가지고 있어요.

7. **They tried** to teach **their children.** ....
그들은 그들의 아이들을 가르치려 해요.

8. **It is easy** to solve **the problems.** ....
문제를 해결하는 건 쉬워요.

9. **Tony has his car** cleaned. ....
Tony는 세차를 다 했어요.

10. Smoking **is not allowed here.** ....
· 이곳에서 흡연은 불가능합니다.

Answers

1. 정동사	6. 정동사
2. 준동사	7. 준동사
3. 준동사	8. 준동사
4. 정동사	9. 준동사
5. 준동사	10. 준동사

50 동명사

동명사(gerunds)는 준동사 중 하나로 동사에 ing를 붙여 명사로 만듭니다.

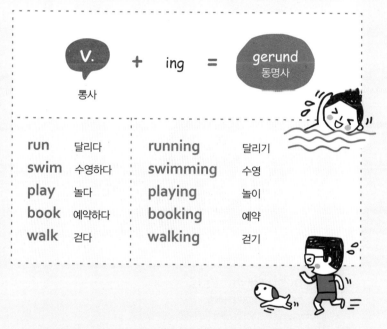

run	달리다	running	달리기
swim	수영하다	swimming	수영
play	놀다	playing	놀이
book	예약하다	booking	예약
walk	걷다	walking	걷기

그럼 왜 형태를 바꿔야 할까요? 동사를 동명사로 바꾸는 이유는 명사로 쓰기 위함입니다. 명사로 바뀐 후에는 동명사를 단어의 주어나 서술어로 사용할 수 있습니다.

Watching TV is sometimes harmful.

TV 시청은 때때로 유해할 수 있어요.

(watching은 동명사로 문장에서 주어로 쓰임)

Eating is my happiness.

먹는 것은 나의 행복이에요.

(eating은 동명사로 문장에서 주어로 쓰임)

My hobby is _painting_.

나의 취미는 그림 그리기예요.

(painting은 동명사로 문장에서 목적어로 쓰임)

I like _listening_ to music.

나는 음악 감상을 좋아해요.

(listening은 동명사로 문장에서 목적어로 쓰임)

📝 반드시 동명사와 함께 사용해야 하는 동사

이 동사들은 준동사와 함께 사용해야 하며 반드시 동명사의 형식을 따라야 해요.

1. 감정을 나타내는 동사

예 : like(좋아하다), dislike(싫어하다), enjoy(즐기다), love(사랑하다), hate(싫어하다), care(돌보다), bare(참다)

I *like* collecting coins.
나는 동전 모으기를 좋아해요.

She *dislikes* playing outdoor sports.
그녀는 야외 운동을 싫어해요.

They can't *bare* waiting in a queue.
그들은 줄 서 있는 걸 못 견뎌요.

2. 뒤에 in, on, at, of 같은 전치사가 올 때 반드시 동명사를 써야 해요.

I am interested in *skiing*.
나는 스키에 흥미가 있어요.

I think instead of _waiting_ for him, you should do it first.
내 생각에는 그를 기다리는 것보다
네가 먼저 해 보는 게 좋을 것 같아.

Kate is good at _playing_ the violin.
Kate는 바이올린을 매우 잘 켜요.

3. 아래 동사들도 반드시 동명사와 써야 돼요. 자주 써보면서 기억하도록 해요.

admit	승인하다	**keep**	계속하다
avoid	피하다	**mind**	주의하다
advise	충고하다	**stop**	멈추다
finish	끝내다	**permit**	허가하다
involve	포함하다	**suggest**	제안하다

51 부정사

부정사(infinitives)도 준동사의 한 종류로, 역시 두 가지로 나눌 수 있습니다.

1. to가 있는 부정사는 동사를 명사처럼 쓰기 위해 to를 동사 앞에 위치시킵니다.

   형용사나 부사로 쓰일 때도 있습니다.

> ### _To err_ is human, _to forgive_ is divine.
> 잘못을 저지르는 것은 인간이고, 용서하는 것은 신이다.
> (to err과 to forgive는 to가 있는 부정사로 이 문장에서 명사의
> 성질을 띤 주어로 사용됨)

> ### He wanted _to know_ the whole truth.
> 그는 모든 진실을 알고 싶어 해요.
> (to know는 to가 있는 부정사로 이 문장에서 명사의 성질을 띤
> 목적어로 사용됨)

> ### This is the movie _to watch_.
> 이것은 봐야 하는 영화에요.
> (to watch는 to가 있는 부정사로 이 문장에서 형용사의 성질로
> movie를 수식함)

아래는 언제나 to와 함께 쓰는 동사입니다. 확실하게 기억해서 자주 쓰도록 합시다.

want	원하다	demand	요구하다
hope	바라다	deserve	~을 받을만 하다
intend	의도하다	expect	기대하다
arrange	정리하다	offer	제공하다
attempt	시도하다	proceed	진행하다
plan	계획하다	promise	약속하다
decide	결정하다		

2. to가 없는 부정사 혹은 원형부정사는 동사원형처럼 보이는 동사입니다. 하지만 동사의 성질은 없어서 주로 문장에서의 위치와 기능으로 결정됩니다. 이번에는 원형부정사가 문장에서 어떤 용법으로 쓰이는지 알아봅시다.

- 원형부정사는 can, could, may, might, must, should와 같은 조동사의 뒤에 와요.

I can _do_ it.
나는 할 수 있어.
(do는 여기에서 원형부정사)

You should _go_ with her.
당신은 그녀와 함께 가야 해요.
(go는 여기에서 원형부정사)

How can I _help_ you?
어떻게 도와줄까요?
(help는 여기에서 원형부정사)

- 원형부정사는 만나다, 보다, 듣다, 느끼다 같이 느낌과 관련된 동사와 자주 쓰며 아래의 형태를 띄어요.

I feel it _come_.
그것이 온 것 같아요.
(come은 여기서 원형부정사로 쓰임)

They saw it _exist_.
그들의 존재를 보았어요.
(exist는 여기서 원형부정사로 쓰임)

- 원형부정사는 주로 명령, 협조와 같이 다른 사람이 무언가를 하도록 허락하는 상황에서 make, let, help, have같은 사역동사와 함께 쓰여요.

Tony let Kate _go_.

Tony는 Kate를 보냈어요.

(go는 여기서 원형부정사로 쓰임)

I made her _cry_.

내가 그녀를 울렸어요.

(cry는 여기서 원형부정사로 쓰임)

The teachers help their students _pass_ the exam.

선생님들은 그들의 학생들이 시험에 합격할 수 있도록 도와주었어요.

(pass는 여기서 원형부정사로 쓰임)

- -

- 원형부정사는 had better(~하는 게 좋다, ~해야 한다) 뒤에 나올 수 있어요.

You had better _leave_ now.

당신은 지금 가는 게 좋겠어요.

(leave는 여기서 원형부정사로 쓰임)

Billy had better _talk_ to Ken.

Billy는 Ken과 이야기하는 게 좋겠어요.

(talk는 여기서 원형부정사로 쓰임)

52 분사

분사(participles)는 준동사의 마지막 종류로 두 가지 유형이 있습니다.

1. 현재분사는 동사에 ing를 붙여서 만드는데, 형용사의 역할을 합니다.

The ward seemed to be full of _crying_ babies.

병실은 아기 울음소리로 가득 찼어요.
(crying은 현재분사로 명사 babies를 수식하는 형용사의 역할을 함)

I watched Mary _dancing_ on the floor.

나는 Mary가 무대 위에서 춤추는 것을 봤어요.
(dancing은 현재분사로 명사 Mary를 수식하는 형용사의 역할을 함)

2. 과거분사는 동사의 과거분사 형태로 형용사의 역할을 합니다.

The _hurt_ dog was taken to the animal hospital.

다친 개는 동물병원으로 보내졌어요.

(hurt는 과거분사로 명사 dog를 수식하는 형용사의 역할을 함)

Look at that _washed_ car.

저기 세차된 차를 봐요.

(washed는 과거분사로 명사 car를
수식하는 형용사의 역할을 함)

📝 현재분사와 과거분사에는 어떤 차이가 있을까요?

두 가지 모두 명사를 수식하는 형용사의 역할을 합니다. 현재분사를 사용할 때는 동작을 수식하는 명사가 <u>스스로</u> 했음을 나타내지만 과거분사의 경우에는 동작이 명사 <u>스스로</u>가 아닌 외부의 요인에 의해 완료했음을 나타냅니다.

The ward seemed to be full of _crying_ babies.

병실은 아기 울음소리로 가득 찼어요.

(현재분사 사용 : crying은 babies를 수식하는데
이는 아기가 <u>스스로</u> 우는 것이기 때문)

Look at that _washed_ car.

저기 세차된 차를 봐요.

(과거분사 사용 : washed는 car를 수식하는데 이는
차가 <u>스스로</u> 세차할 수 없기 때문)

The _hurting_ dog was taken to the animal hospital.

다친 개는 동물병원으로 보내졌어요.

(현재분사 사용 : hurting은 dog를 수식하는데 이는 개가 아픈 것이기 때문)

The _hurt_ dog was taken to the animal hospital.

다친 개는 동물병원으로 보내졌어요.

(과거분사 사용 : hurt는 dog를 수식하는데 이는 개가 외부 요인으로 다친
것이기 때문)

53 동명사와 현재분사는 어떤 차이가 있을까요?

동명사와 현재분사는 서로 닮은 부분이 있습니다.

- 두 가지 모두 정동사가 아니라 준동사
- 모두 동사에 ing가 더해진 형태라 매우 비슷하게 생김

gerunds 동명사	①	②
present participles 현재분사	어법 형식이 모두 준동사	모두 동사에 ing를 더함

그렇다면 어디가 다르며 어떻게 구분해야 할까요?

- 동명사는 명사 역할을 해요. 그렇기 때문에 문장에서 주어나 목적어 자리에 위치합니다.
- 현재분사는 형용사 역할을 해요. 그렇기 때문에 문장에서 명사 앞이나 be 동사 뒤에 위치합니다.

gerunds = nouns
동명사   명사

present participles = adjectives
현재분사   형용사

이해를 돕기 위해 몇 가지 예를 들어보겠습니다.

Crying is a way to cure sadness.

우는 것은 슬픔을 달래는 하나의 방법이에요.

(문장에서 crying은 동명사로 문장에서 주어로 사용됐으며 명사의 역할을 함)

The *crying* girl ran away in the park.

우는 여자 아이는 공원으로 뛰어갔어요.

(문장에서 crying은 현재분사. 문장에서 girl을 수식하는 형용사의 역할을 함)

- -

Frank likes *running*.

Frank는 달리기를 좋아해요.

(문장에서 running은 동명사. 문장에서 목적어로 사용됐으며 명사의 역할을 함)

I've just met Frank *running* in the park.

나는 방금 공원에서 뛰고 있는 Frank를 만났어요.

(문장에서 running은 현재분사. 문장에서 Frank를 수식하는 형용사의 역할을 함)

- -

Modal Verbs
조동사

조동사란 무엇인가요?

조동사는 정동사가 다른 의미를 갖도록 도움을 주는 역할을 합니다. 예를 들어 볼게요.

I *can* go to the party tonight.
나는 오늘 밤 파티에 갈 수 있어요.

I *will* go to the party tonight.
나는 오늘 밤 파티에 갈 거예요.

I *might* go to the party tonight.
나는 아마 오늘 밤 파티에 갈 수 있을 거예요.

I *should* go to the party tonight.
나는 오늘 밤 파티에 가야만 해요.

밑줄 친 can, will, might, should는 모두 조동사입니다. 이처럼 각기 다른 조동사를 사용할 경우 동사의 의미에 차이가 생깁니다.

55 아마도 ~ 할 거예요

처음으로 소개할 조동사는 바로 may와 might입니다. 이 두 단어는 아래와 같은 상황에서 쓰입니다.

📝 아마도 ~할 거예요

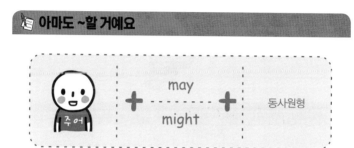

약간 다른 점은 might의 가능성이 조금 더 낮다는 겁니다.

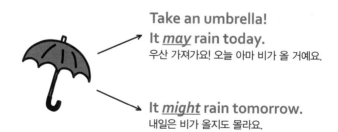

Take an umbrella!
It _may_ rain today.
우산 가져가요! 오늘 아마 비가 올 거예요.

It _might_ rain tomorrow.
내일은 비가 올지도 몰라요.

이 표현에서는 말하는 사람은 확신할 수 없기 때문에 may보다 가능성이 낮은 might를 사용했습니다.

Who _will_ come to our company's party?
내일 회사 파티에 누가 올 수 있어요?

Sam _might_ come.
Sam은 잘 하면 갈 거예요.

Paula _may_ come.
Paula는 아마 갈 거예요.

📝 아마도 ~하지 않을 거예요

거절이나 아마도 하지 못 할 경우, may나 might에 not만 붙여주면 됩니다.

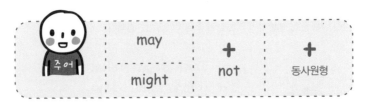

| 주어 | may / might | + not | + 동사원형 |

Tony _might not_ give me money.
Tony는 웬만해선 나에게 돈을 주지 않을 거예요.

Billy _may not_ give me money.
Billy는 아마 나에게 돈을 주지 않을 거예요.

🗒 요청할 때

May + 주어 + 동사원형 + ...?

may는 여러 가지 상황에서 자주 쓰이는 표현입니다. 그리고 보통 문장의 맨 뒤에 please를 붙여서 공손한 느낌을 줄 수 있습니다.

May I use your phone, please?
실례지만 전화 좀 빌릴 수 있을까요?

May I come in, please?
실례합니다, 들어가도 될까요?

May I ask you a question, please?
실례하지만 질문 좀 해도 될까요?

56 ~해야 해요, 마땅히 ~해야 해요 (should, ought to, had better)

이번에 알아볼 조동사는 ~해야 한다 혹은 마땅히 ~해야 한다의 뜻을 가지고 있습니다. 주로 '이렇게 해야 한다, 마땅히 이렇게 해야 한다'는 말을 전할 때 사용합니다. 말하는 사람이 무언가를 건의할 때 쓰는 말입니다.

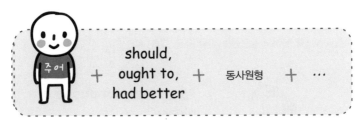

주어 + should, ought to, had better + 동사원형 + ···

네 얼굴이 굉장히 창백해. 의사 선생님에게 가야겠다.

Your face is pale. You _should_ see a doctor.

Your face is pale. You _ought to_ see a doctor.

Your face is pale. You _had better_ see a doctor.

Ken은 집에 가서 수업내용을 수정해야 해요.

Ken _should_ revise his lessons.

Ken _ought to_ revise his lessons.

Ken _had better_ revise his lessons.

우리는 교수님께 가서 이야기를 해봐야겠어요.

We *should* talk to our professor.

We *ought to* talk to our professor.

We *had better* talk to our professor.

should와 ought to에는 무언가를 건의하는 의미가 있어요. 하지만 had better 는 '이렇게 안 하면 아마 문제가 생길거야'의 의미가 있어요.

그만 말하는 게 좋겠어요.

You *should* stop talking.

You *ought to* stop talking.

그만 말하는 게 좋을 거예요. 아니면 선생님이 교실 밖으로 나가라고 하실 거예요.

You *had better* stop talking, or the teacher will ask you to leave the classroom.

이곳을 떠나는 게 좋겠어요.

We *should* leave this place.

We *ought to* leave this place.

이곳을 떠나는 게 좋을 거예요. 아니 면 날이 어두워져서 길을 잃을 수도 있어요.

We *had better* leave this place. Otherwise, if it gets dark, we might be lost.

📝 ~하지 않아야 해요

'마땅히 ~해야 해요'를 '마땅히 ~하지 않아야 해요'로 바꿔서 부정의 의미를 표현하기 위해서는 should 뒤에 not을 붙여주면 됩니다.

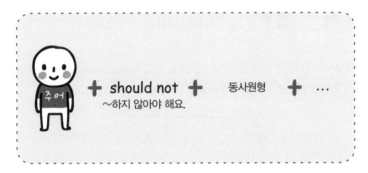

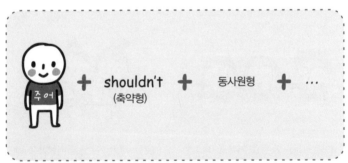

ought to와 had better에는 부정형이 무엇일까요? 이 경우에는 ought not to, had better not으로 바꿔주면 됩니다. 하지만 많이 쓰는 표현은 아마도 should not일 것입니다.

지금 시간이 늦었으니 나가지 않는 게 좋겠어요.

You *should not* go out right now. It's too late.

You *ought not to* go out right now. It's too late.

You *had better not* go out right now. It's too late.

학생들은 술을 마시면 안 됩니다.

Teenagers *shouldn't* drink alcohol.

Teenagers *ought not to* drink alcohol.

Teenagers *had better not* drink alcohol.

Frank는 거기 있으면 안 돼요.

Frank *shouldn't* stay there.

Frank *ought not to* stay there.

Frank *had better not* stay there.

57 ~하려 해요

이번에 알아볼 조동사는 여러 개의 다른 형태가 존재합니다. 하나씩 알아볼게요.

1. will, would는 '~하려 하다, ~일 것이다, ~할 것이다, ~하기로 하다'의 의미를 가지고 있습니다.

I _will_ go to Busan next week.
나는 다음 주에 부산에 갈 거예요.

I _will_ take care of my mom.
나는 어머니를 모실 거예요.

It _will_ rain tomorrow.
내일 비가 올 거예요.

Tony _will_ buy a new car.
Tony는 새 자동차를 살 거예요.

Leave the rest. They _will_ do it all.
그만 두고 쉬어요. 그들이 모두 할 거예요.

🖊 ~하지 않을 거예요

will not
~하지 않을
거예요
+
동사원형
+
...

won't
(축약형)
+
동사원형
+
...

He _won't_ help her.
그는 그녀를 도와주지 않을 거예요.

You'_ll not_ be alone.
너는 혼자가 아닐 거예요.

They _will not_ disappoint you.
그들은 너에게 실망하지 않을 거예요.

과거에 벌어진 일은 will을 과거형인 would로 나타냅니다.

He said he _would_ do his homework.
그는 숙제를 할 거라고
말했어요.

Paula said she _would be_ in the office yesterday.
Paula는 어제 사무실에 있을 거라고
말했어요.

2. will, would는 협조를 요청할 때 사용합니다.

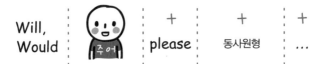

would는 평소에 자주 쓰는 말이며, will은 정식으로 요청하는 느낌이 있습니다.

주어 뒤에 please를 붙여서 더 공손한 느낌을 줄 수 있습니다.

불 좀 꺼주실래요?

— **_Would_** you please turn off the light?

— **_Will_** you please turn off the light?

Tony 좀 바꿔주시겠어요?

— **_Would_** you please put me through Tony?

— **_Will_** you please put me through Tony?

권유를 나타내는 문장의 대부분은 would를 사용합니다.

Would you like some coffee?
커피 한 잔 하실래요?

Would you need some help?
도움이 필요하세요?

Would you take some rest?
좀 쉬실래요?

3. shall은 다른 사람에게 어딘가를 같이 가자고 요청할 때 사용합니다.

Shall + 주어 + 동사원형 + ...?

Shall we go to the party?
우리 같이 파티에 갈래요?

Shall I drop you at home?
내가 집에 데려다 줄까요?

Shall we see a movie?
우리 영화 보러 갈래요?

~할 수 있어요(can, could)

이 두 단어는 무언가를 할 능력이 있다는 걸 나타내는 말입니다.

주어 **+** can **+** 동사원형 **+** ...

I _can_ swim.
나는 수영할 수 있어요.

Mom _can_ cook.
엄마는 음식을 잘해요.

They _can_ sing opera.
그들은 오페라를 부를 수 있어요.

어떤 일을 할 수 없다, 혹은 어떤 일을 못한다고 말할 경우 can의 부정형인 cannot 이나 축약형인 can't를 쓰면 됩니다.

Frank _can't_ drive.
Frank는 운전을 못해요.

I _cannot_ dance.
나는 춤을 못 춰요.

Billy _cannot_ eat vegetables.
Billy는 야채를 못 먹어요.

✍ 예전에 어떤 일을 할 수 있었다

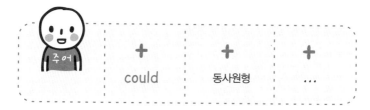

could는 can의 과거형입니다. 과거에 어떤 일을 할 수 있었거나 했었다는 의미를 가지고 있습니다.

I _could_ play the piano.
나는 피아노를 칠 수 있었어요.
(지금은 잘 못함)

She _could_ speak three languages.
그녀는 3개 국어를 할 수 있었어요.
(지금은 잘 못함)

We _could_ sing very well.
우리는 노래를 잘 부를 수 있었어요.
(지금은 잘 못함)

📝 협조나 도움을 요청할 때

can과 could는 협조나 허가, 도움을 요청할 때 사용합니다.

Can,
Could + 주어 + 동사원형 + ...?

could는 비교적 자주 사용하는 점잖은 표현입니다. can의 경우 주로 가까운 사람에게 쓰는 경향이 있습니다. please를 문장 뒤에 써서 좀 더 예의있게 표현합니다.

제가 말 좀 해도 될까요?

Could I say something please?
(점잖은 표현)

Can I say something please?
(가까운 사이에서 하는 표현)

화장실 좀 써도 될까요?

Could I use your toilet please?
(점잖은 표현)

Can I use your toilet please?
(가까운 사이에서 하는 표현)

59 반드시 ~해야 해요 (must, have to)

이 두 조동사는 '반드시 ~해야 한다'의 의미를 가지고 있습니다.

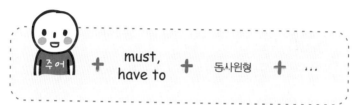

우리는 반드시 학칙을 준수해야 합니다.

We *must* respect the school's rules.

We *have to* respect the school's rules.

우리는 빨간 신호등에 반드시 정지해야 합니다.

We *must* stop when the traffic lights turn red.

We *have to* stop when the traffic lights turn red.

무언가를 금하거나 해서는 안 된다고 말하려면 부정형을 사용해야 합니다. 이때는 must를 사용하면 됩니다.

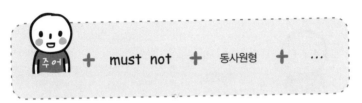

We _must not_ break the law.
우리는 법을 어겨서는 안 됩니다.

You _must not_ smoke in the hospital.
병원에서 담배를 피워서는 안 됩니다.

아래 문장은 무언가를 금지하는 건 아니지만 어떤 일을 할 필요가 없을 때 하는 말입니다.

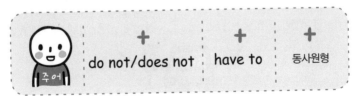

+ don't/doesn't + have to + 동사원형

You **_don't have to_** return the money to me.
그 돈을 나에게 돌려줄 필요 없어요.

He **_does not have to_** come to work tomorrow.
그는 내일 출근할 필요가 없어요.

They **_don't have to_** go to the party tonight.
그들은 오늘 밤 파티에 갈 필요가 없어요.

199

~할 필요가 없어요 (need not)

do / does not have to와 비슷한 의미를 가진 need not도 있습니다. 무언가를
할 필요가 없다는 뜻입니다.

주어 **+** need not **+** 동사원형 **+** …

주어 **+** needn't **+** 동사원형 **+** …
(축약형)

I ***need not*** buy anything.
나는 아무것도 살 필요가 없어요.

I ***needn't*** explain more.
나는 더 설명할 필요가 없어요.

· 연습문제 7-01 ·

알맞은 조동사를 골라서 문장을 완성하세요.

modal verbs

1. I here're plenty of potatoes in the fridge.
   You ....needn't.... buy any.

2. This is a hospital. You .... smoke.

3. I .... speak Chinese fluently when I was young.

4. If you want a good score, You .... study more.

5. You look tired. You .... take some rest.

6. It's very cold here. It .... snow later.

7. .... I go out please?

8. You .... take an umbrella. It's not raining.

9. .... you play tennis?

10. .... you like some drink?

11. .... you marry me?

12. .... you turn on the TV, please?

Answers

1. needn't/need not
2. mustn't/must not
3. could
4. should/had better/ought to
5. had better/should/ought to
6. might/may
7. may/can/could
8. needn't/need not
9. Can
10. Would
11. Will
12. Can/Could

PART
08

Adverbs
부사

61 부사란 무엇인가요?

adverbs는 한국어로 부사라고 합니다. 부사는 세 가지 단어를 수식합니다.

1. 동사를 수식
2. 형용사를 수식
3. 다른 부사를 수식

He sings *nicely*.
그는 노래를 잘해요.
(nicely는 부사로 동사 sings를 수식함)

This idea is *really* ridiculous.
이 아이디어는 매우 어이가 없어요.
(really는 부사로 문장에서
형용사인 ridiculous를 수식함)

They speak English *very* well.
그들은 영어를 매우 잘해요.
(very는 부사로 well을 수식함.
문장에서 speak english를 수식하는 부사이기도 함)

62 부사에는 어떤 유형이 있나요?

부사는 동사, 형용사나 다른 부사를 수식합니다. 그런데 부사는 무엇을 위해 다른 말을 수식할까요?

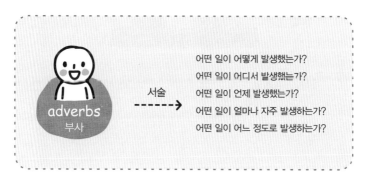

어떤 일이 어떻게 발생했는가?
어떤 일이 어디서 발생했는가?
어떤 일이 언제 발생했는가?
어떤 일이 얼마나 자주 발생하는가?
어떤 일이 어느 정도로 발생하는가?

부사에는 모두 다섯 가지 종류가 있습니다.

1. 어떤 일이 어떻게 발생했는지를 말하는 부사는 양태부사(adverbs of manner)
   라고 합니다.

您贵姓?

Mary speaks Chinese _fluently_.
Mary는 중국어를 매우 유창하게 해요.
(fluently는 speaks를 수식해서 '어떻게'의 뜻을 나타냄)

2. 어떤 일이 어디서 발생했는지를 말하는 부사를 장소부사(adverbs of place) 라고 합니다.

I live *here*.
나는 여기에 살고 있어요.
(here은 live를 수식해서 '어디서'의 뜻을 나타냄)

- -

3. 어떤 일이 언제 발생했지를 말하는 부사를 시간부사(adverbs of time)라고 합니다.

He came here *yesterday*.
그는 어제 여기 왔어요.
(yesterday는 come을 수식해서 '언제'의 뜻을 나타냄)

4. 어떤 일이 얼마나 자주 발생하는지를 말하는 부사를 빈도부사(adverbs of frequency)라고 합니다.

Tony _always_ sleeps late.
Tony는 항상 늦게 자요.
(always는 sleep late를 수식해서 '얼마나 자주'의 뜻을 나타냄)

5. 어떤 일이 어느 정도로 발생하는지를 말하는 부사를 정도부사(adverbs of degree)라고 합니다.

They're running _very_ quickly.
그들은 매우 빨리 달려요.
(very는 quickly를 수식해서 '어느 정도'의 뜻을 나타냄)

63 형용사와 부사의 차이는 무엇인가요?

간단히 말해 형용사는 명사와 대명사만을 수식할 수 있고, 부사는 동사, 형용사 그리고 다른 부사 이렇게 총 세 가지를 수식할 수 있습니다.

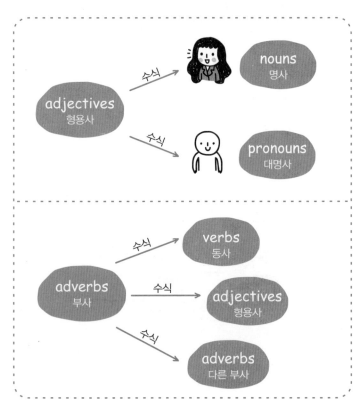

Sam is a _clever_ man.
Sam은 똑똑한 사람이에요.
(clever는 형용사로 문장에서 명사인 man을 수식함)

Sam is a _very_ clever man.
Sam은 매우 똑똑한 사람이에요.
(very는 부사로 형용사인 clever를 수식함)

They are _young_.
그들은 어려요.
(young은 형용사로 문장에서 대명사인 they를 수식함)

They run _quickly_.
그들은 빨리 달려요.
(quickly는 부사로 동사인 run을 수식함)

64 양태부사

양태부사는 주로 동사를 수식하는 부사로 일이 발생한 상황이 어떠한지 나타내는 말입니다. 예를 들어볼게요.

Mary speaks _fluently_.
Mary는 유창하게 말해요.
(fluently는 동사 speak를 수식해서 말을 어떻게
하는지를 서술함)

They move _quietly_.
그들은 조용하게 움직여요.
(quietly 동사 move를 수식해서 이동을 어떻게
하는지를 서술함)

It rained _heavily_.
비가 매우 많이 내려요.
(heavily는 동사 rained를 수식해서 비가 어떻게
내리는지를 서술함)

대부분의 양태부사는 동사의 뒤에 위치하지만 목적어의 뒤에 위치하는 경우도 있습니다.

He swims _fast_.
그는 빠르게 수영합니다.
(fast는 동사 swim 뒤에 옴)

Billy speaks English _nicely_.
Billy는 영어를 유창하게 말합니다.
(nicely는 목적어 english 뒤에 옴)

She washes her hair _gently_.
그녀는 부드럽게 머리를 감습니다.
(gently는 목적어 her hair 뒤에 옴)

대부분의 양태부사는 뒤에 ly가 오기 때문에 그 형태로 양태부사를 구분할 수 있 겠지만 모든 양태부사가 그렇지는 않다는 걸 주의합니다!

형용사 뒤에 ly가 붙어서 부사가 되는 단어

형용사	부사	비고
slow 느린	**slowly** 느리게	
beautiful 예쁜	**beautifully** 예쁘게	beautifully는 주의해서 발음해야 해요.
quiet 조용한	**quietly** 조용하게	
careful 주의 깊은	**carefully** 주의 깊게	
full 가득 찬	**fully** 가득 차게	형용사에 이미 ll이 있어 y만 붙여요.
true 진실된	**truly** 진실되게	형용사가 e로 끝나 e를 지우고 y를 붙여요.
possible 가능한	**possibly** 가능하게	형용사에 e가 있어 지우고 l로 끝나 y만 붙여요.
happy 행복한	**happily** 행복하게	형용사에 y로 끝나 y를 i로 바꾸고 ly를 붙여요

212

🗒️ 주의해야 할 것 1

형용사와 부사의 형태가 같은 단어들도 있어요.

adjectives 형용사	adverbs 부사
fast 빠른	fast 빠르게
hard 굳은, 단단한, 어려운	hard 단단하게, 어렵게, 열심히
late 느린, 늦은	late 느리게, 늦게
loud 시끄러운	loud 시끄럽게 (정식 표현이 아님. 정식 표현은 loudly)
early 이른	early 이르게, 초기의
daily 일상의(명사를 수식)	daily 매일, 날마다(동사를 수식)

📝 주의해야 할 것 2

형태가 ly로 끝나지만 부사가 아니라 형용사인 단어들이 있습니다. 자주 보이는
단어로 예를 들어볼게요.

lovely
사랑스러운

lonely
외로운

friendly
친근한

elderly
늙은

연습문제 8-01

알맞은 부사를 골라서 문장을 완성하세요.

adverbs

1. I spoke to you ...carefully... (careful).
   너에게 조심스럽게 말할게.

2. We are sitting .... (comfortable) on the sofa.
   우리는 소파에 편안하게 앉아 있어요.

3. My dog runs .... (fast).
   내 강아지는 빠르게 달려요.

4. We talked about it .... (open).
   우리는 매우 허심탄회하게 토론을 했어요.

5. You must install the new application .... (quiet).
   We don't want to disturb anyone.
   당신은 새 장비를 조용하게 설치해야 해요. 우리는 누구에게도 방해받고 싶지 않아요.

Answers

1. carefully   2. comfortably   3. fast   4. openly   5. quietly

65 시간부사

시간부사는 부사의 한 종류로, 주로 어떤 일이 언제 발생했는지를 나타냅니다.
우리가 자주 보는 시간부사로 예를 들어볼게요.

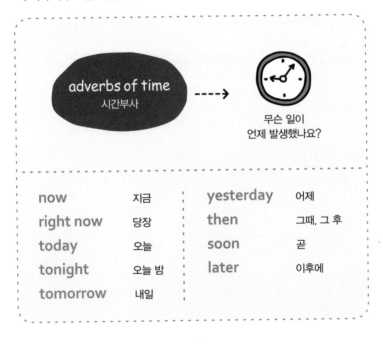

now	지금	yesterday	어제
right now	당장	then	그때, 그 후
today	오늘	soon	곧
tonight	오늘 밤	later	이후에
tomorrow	내일		

시간부사는 보통 문장의 맨 뒤에 위치합니다.

We'll leave _tomorrow_.
우리는 내일 떠납니다.
(tomorrow는 동사 leave를 수식하는 시간부사로
내일 떠나는 것을 나타냄)

He came _yesterday_.
그는 어제 왔습니다.
(yesterday는 동사 came을 수식하는 시간부사로
어제 왔다는 것을 나타냄)

I want the information _right now_.
나는 지금 당장 자료가 필요합니다.
(right now는 동사 want를 수식하는 시간부사로
지금 필요하다는 것을 나타냄)

66 빈도부사

빈도부사는 어떤 일이 얼마나 자주 발생하는지를 나타냅니다. 매일, 항상, 자주 혹은 절대로처럼 종류가 굉장히 많습니다. 자주 보았던 단어들로 예를 들어볼게요.

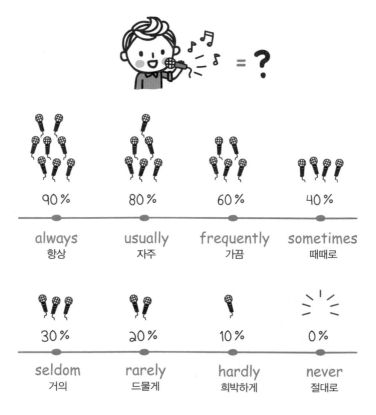

90%	80%	60%	40%
always 항상	**usually** 자주	**frequently** 가끔	**sometimes** 때때로

30%	20%	10%	0%
seldom 거의	**rarely** 드물게	**hardly** 희박하게	**never** 절대로

빈도부사는 문장의 주어와 동사 사이에 위치합니다.

They _often_ go to Paris.
그들은 자주 파리에 갑니다.
(often은 동사 go를 수식하는 빈도부사로 자주
가는 것을 나타냄)

He _never_ drops me at home.
그는 절대로 나를 집에 데려다주지 않습니다.
(never는 동사 drops를 수식하는 빈도부사로
절대로 집에 데려다주지 않는 것을 나타냄)

We _sometimes_ watch a movie.
우리는 때때로 영화를 봅니다.
(sometimes는 watch를 수식하는 빈도부사로
때때로 영화를 보는 것을 나타냄)

앞에서 말한 빈도부사 이외에도 자주 쓰이는 빈도부사들입니다.

daily	매일	every...	매~
weekly	매주	every day	매일
yearly	매년	every month	매달
annually	일년에 한 번	every Sunday	매주 일요일

위의 빈도부사들은 주로 문장 맨 뒤에 위치합니다.

They deliver the newspaper _daily_.
그들은 매일 신문을 배달합니다.
(daily는 동사 deliver를 수식하는 빈도부사로
얼마나 자주 배달하는지를 나타냄)

We go to the park every _Sunday_.
우리는 매주 일요일 공원에 갑니다.
(every Sunday는 동사 go를 수식하는 빈도부사로
얼마나 자주 공원에 가는지를 나타냄)

67 장소부사

장소부사는 주로 어떤 일이 어디서 발생했는지를 나타냅니다. 자주 볼 수 있는
장소부사로 예를 들어볼게요.

어디서 일이 발생했나요?

here	여기에	nearby	근처에
away	~에 떨어져	out	밖에
abroad	외국에	outside	밖에
above	위에	over	위에
back	뒤에	there	저기에
behind	~의 뒤에	up	위에
down	밑에	under	아래에
downstairs	아래층에	upstairs	위층에
elsewhere	다른 곳에서	everywhere	어디서든
inside	안에		

Please sit _here_.
여기에 앉으세요.
(here은 동사 sit을 수식하는 장소부사로 여기에
앉으라는 것을 나타냄)

My love is _everywhere._
내 사랑은 어디든지 있어요.
(everywhere는 동사 is를 수식하는 장소부사로
어디든지 있다는 것을 나타냄)

We parked our cars _outside_.
우리는 차를 밖에 주차했어요.
(outside는 동사 parked를 수식하는 장소부사로
밖에 차를 대었다는 것을 나타냄)

68 정도부사

정도부사는 정도를 나타내는 부사로 동사, 형용사, 그리고 부사에 쓰여 발생한 일의 정도를 나타냅니다. 자주 보이는 정도부사로 예를 들어볼게요.

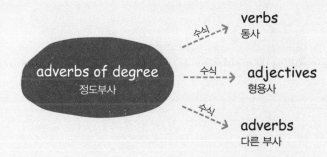

adverbs of degree
정도부사

수식 → verbs
동사

수식 → adjectives
형용사

수식 → adverbs
다른 부사

almost	거의	most	가장
deeply	깊게	nearly	거의
enough	충분히	perfectly	완벽하게
entirely	전체의	quite	상당히
fairly	공평하게	rather	꽤, 약간
fully	가득 차게	really	정말
hardly	거의 ~하지 않게	simply	간단하게
highly	매우, 대단히	too	너무
just	딱 좋게, 바로 그 순간에	totally	완전히
least	가장 적게	very	매우
less	적게	terribly	몹시, 대단히
more	더	pretty	상당히

정도부사는 대개 문장의 주어와 동사 사이에 위치합니다.

형용사나 부사를 수식하는 경우엔 대개 형용사나 부사의 앞에 위치합니다.

She _entirely_ agrees with him.
그녀는 전적으로 그의 의견에 동의합니다.
(entirely는 동사 agree를 수식하는 정도부사로
전적으로 동의하는 정도를 나타냄)

I _nearly_ died.
나는 거의 죽을 뻔 했어요.
(nearly는 동사 died를 수식하는 정도부사로
거의 죽을 뻔한 정도를 나타냄)

Mary is _very_ cute.
Mary는 매우 귀여워요.
(very는 형용사 cute를 수식하는 정도부사로
매우 귀여운 정도를 나타냄)

He drives _quite_ dangerously.
그는 상당히 위험하게 운전합니다.
(quite는 부사 dangerously를 수식하는 정도
부사로 상당히 위험한 정도를 나타냄)

1. My father walks really slowly.

   우리 아버지는 매우 느리게 걸어요.

   정도부사 Slowly(부사)

- -

2. Your roommate is quite shy.

   당신의 룸메이트는 상당히 부끄러움을 타요.

- -

3. We rarely go to the movies on the weekends.

   우리는 주말에 영화를 거의 보지 않아요.

- -

4. My sister reads well for a five-year-old.

   내 동생은 다섯 살치고 책을 굉장히 잘 읽어요.

- -

5. **Your friend drives** terribly **fast.**
   네 친구는 운전을 매우 빠르게 해요.

- -

6. **I** never **buy fruit from the market**
   나는 시장에서 과일을 사본 적이 없어요.

- -

7. **My friends and I** often **go dancing on Friday.**
   나와 내 친구는 금요일에 자주 춤을 추러 가요.

- -

8. **Please finish your homework** quickly.
   숙제를 빨리 끝내주세요.

- -

9. **They are going to London** tomorrow.
   그들은 내일 런던에 가요.

- -

10. **You should leave** here quickly.
    당신은 이곳을 빨리 떠나야 해요.

- -

Answers

1. 정도부사   slowly(부사)
2. 정도부사   shy(형용사)
3. 빈도부사   go(동사)
4. 양태부사   reads(동사)
5. 정도부사   fast(형용사)
6. 빈도부사   buy(동사)
7. 빈도부사   go(동사)
8. 양태부사   finish(동사)
9. 시간부사   are going(동사)
10. here - 장소부사   leave(동사)
       quickly - 양태부사   leave(동사)

Tenses
시제

69 시제란 무엇인가요?

영어 문법에서 매우 중요한 것 중 한 가지가 바로 시제(tenses)입니다. 간단하게 말해서 시제는 동사를 여러 형태로 변화시켜서 문장의 시간을 '현재', '과거' 그리고 '미래'로 나타냅니다.

(eat의 형태가 바뀌는 것에 주의)

현재   I'm eating.
         나는 먹고 있다.

과거   I ate dinner with my mom.
         나는 엄마와 함께 저녁을 먹었다.

미래   I will eat lunch with some
         friends tomorrow.
         나는 내일 친구들과 점심을 먹을 것이다.

영어에서 시제는 현재시제(present), 과거시제(past), 미래시제(future)로 나 뉩니다. 시제를 현재, 과거, 미래로 분류한 것을 다시 사건의 형태별로 단순형 (simple), 진행형(continuous), 완료형(perfect), 완료진행형(perfect continuous) 네 가지로 세분화합니다.

각각의 시간과 사건의 상태를 종합해보면 영어에서 시제는 모두 12가지로 나뉜 다는 걸 알 수 있습니다. 예를 들어볼게요.

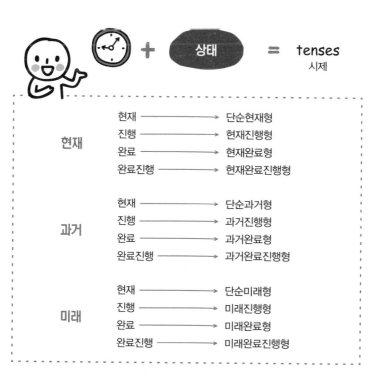

	현재 ──────────→ 단순현재형
현재	진행 ──────────→ 현재진행형
	완료 ──────────→ 현재완료형
	완료진행 ───────→ 현재완료진행형

	현재 ──────────→ 단순과거형
과거	진행 ──────────→ 과거진행형
	완료 ──────────→ 과거완료형
	완료진행 ───────→ 과거완료진행형

	현재 ──────────→ 단순미래형
미래	진행 ──────────→ 미래진행형
	완료 ──────────→ 미래완료형
	완료진행 ───────→ 미래완료진행형

70 단순현재형

단순현재형(Present Simple Tense)의 구성은 가장 간단합니다.

조금 특이한 게 있다면 주어가 3인칭 단수명사일 경우 동사에 반드시 s나 es를 붙여줘야 한다는 것입니다.

단순현재형은 현재의 사건을 나타내는데, 주로 아래의 상태를 말합니다.

1. 사실을 말할 때

● 자신과 관련된 정보나 사실

I live in Seoul.
나는 서울에 살고 있어요.

I study at ABC University.
나는 ABC대학교에서 공부하고 있어요.

I am 23 years old.
나는 23살이에요.

- -

● 보편적인 사실

Cats hate mice.
고양이는 쥐를 싫어해요.

The earth revolves around the sun.
지구는 태양을 돌고 있어요.

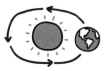

The sun rises in the east and *sets* in the west.
태양은 동쪽에서 뜨고, 서쪽으로 집니다.

2. 습관이나, 일상적인 일이나 행동을 말할 때

이런 문장에서는 사건이 얼마나 자주 일어나는지 나타내기 위해 빈도부사를 수식어로 사용합니다.

Kate goes to work by subway.
Kate는 지하철을 타고 출근해요.

I visit my grandma every week.
나는 매주 할머니를 뵈러 가요.

Tony always *has* coffee for breakfast.
Tony는 항상 아침에 커피를 마셔요.

3. 생각이나 취미를 말할 때

Paula likes spicy food.
Paula는 매운 음식을 좋아해요.

I think it's fair enough.
내 생각에 이건 충분히 공평한 것 같아요.

Frank likes drinking alcohol.
Frank는 음주를 좋아해요.

4. 왕래나 출발, 도착을 말할 때

The library opens at 9 a.m. and ***closes*** at 8 p.m.
도서관은 오전 9시에 열고, 오후 8시에 닫습니다.

opens at 9 a.m
closes at 8 p.m.

The subway arrives at the station every 5 minutes.
지하철은 5분마다 역에 들어옵니다.

every 5 minutes

The bus departs from here every 30 minutes.
버스는 30분마다 출발합니다.

every 30 minutes

71 현재진행형

현재진행형(Present Continuous Tense)의 문장 구성은 아래와 같습니다.

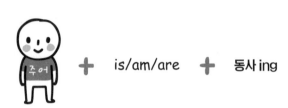

주어 + is/am/are + 동사 ing

continuous의 뜻은 '지속되다'입니다. 사건이 지금도 발생하고 있는 상태를 말하는 것입니다. 주로 아래와 같은 상황에서 쓰입니다.

1. 말하고 있는 그 시점에서 진행 중이거나 일어나고 있는 동작이나 사건을 서술

The people _are running_ in the park.
사람들은 지금 공원을 달리는 중이에요.

か
き
く
け
こ

I _am studying_ Japanese.
나는 일본어를 배우고 있어요.

I_'m working_ as an accountant.
나는 회계사로 일하고 있어요.

Mom _is cooking_ right now.
어머니는 지금 요리를 하고 있어요.

My uncle _is doing_ the gardening.
우리 삼촌은 정원을 가꾸고 있어요.

2. 이미 예정된 가까운 미래의 일을 서술

I'm flying to Chiang Mai tomorrow.

나는 내일 치앙마이로 비행기를 타고 갑니다.
(이미 비행기 표도 예약했고 모든 준비가 되어서 반드시 간다는 의미)

Billy _is moving_ to New York.

Billy는 뉴욕으로 이사를 갑니다.
(이사가 확정됐고 모든 준비가 완료됐음을 의미)

They _are meeting_ several times next week.

그들은 다음 주에 여러 번 회의를 할 것입니다.

✍ ing를 붙이지 않는 동사

영어에서 모든 동사에 ing를 붙일 수 있는 건 아닙니다. 아래는 ing를 붙일 수 없는 동사들입니다.

be	love	seem
believe	mean	smell
belong	prefer	think
hate	remain	understand
hear	realize	want
like	see	wish

Memo

일반적으로 동작을 나타내는 동사에 ing를 붙입니다. 그러나 소유, 감정, 상태, 인지, 사고, 무의식적 지각 등을 표현하는 동사들의 경우는 ing를 붙일 수 없습니다.

단순현재형, 현재진행형 중
어떤 시제를 사용해야 하는지 구분해 보세요.

Simple Tense

Continuous Tense

1. Look! Paula (go) ......is going...... to the movies.
   보세요! Paula가 영화를 보고 있어요.

2. Tony (carry) .... many bags.
   Tony가 많은 가방을 나르고 있어요.

3. This dress (be) .... beautiful.
   이 드레스는 매우 아름다워요.

4. Billy usually (put) .... on black shoes.
   Billy는 검정 신발을 자주 신어요.

5. It (rain) .... outside. Take an umbrella.
   밖에 비가 오고 있으니 우산을 가져가세요.

Answers

1. is going   2. is carrying   3. is   4. puts   5. is raining

72 현재완료형

현재완료형(Present Perfect Tense) 문장의 구성은 아래와 같습니다.

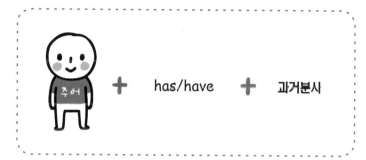

주어 + has/have + 과거분사

완료형의 시제는 이미 발생한 상황을 나타내는 말이며 특정한 시간부터 발생했음을 강조합니다. 완료형을 쓰려면 어떤 동작이 말하는 시점에 이미 끝났거나 아직도 지속되고 있어야 합니다. 어떤 상황에서 이 시제를 사용하는지 함께 살펴볼게요!

1. 이전에 했던 경험, 했던 일이나 가본 곳, 인생에서 특정한 시점에 있었던 사건.

I _**have been**_ to France.
나는 프랑스에 가봤어요.

Kate _**has studied**_ graphic design.
Kate는 그래픽 디자인을 공부한 적이 있어요.

They _**have worked**_ here.
그들은 여기서 일한 적이 있어요.

예전에 있었던 일이나 가본 곳처럼 경험을 언급할 때. 이 경우 '예전에'의 뜻을 가진 동사 have + been을 사용.

I *have been* in Chiang Mai.
나는 치앙마이에 가본 적이 있어요.

I *have been* a teacher.
나는 선생님이었어요.

Have you ever *been* in London?
런던에 가본 적이 있어요?

Memo

ever ≠ have been

반드시 기억해야 할 것은 ever를 '예전에'의 뜻으로 이해하면 안 된다는 거예요. **have been to + 장소**를 써야만 비로소 '예전에 갔었다'의 뜻을 나타내기 때문이에요.
ever는 의문문에서만 사용되며 단순히 의미를 강조해주는 역할을 할 뿐이에요. 사실 이 단어는 없어도 문제될 게 없어요.

2. 과거에 시작된 동작이나 상태가 현재까지도 지속되고 있는 사건. 아직도 끝나지 않았음.

I *have had* several tests this month.
나는 이번 달에 시험을 여러 개 보았어요.

Tony *has read* many books.
Tony는 많은 책을 읽었어요.

Dad *has trained* the new guy for the new position.
아버지는 새로 온 직원을 새 직책에 맞게 교육시켰어요.

Have you *met* Billy?
Billy를 만난 적이 있어요?

과거에 있었던 일과 현재까지도 진행되고 있는 일을 말할 때 그 일이 언제부터
진행된 일인지 더 자세하게 말할 수도 있습니다.

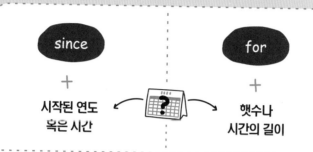

since
+
시작된 연도
혹은 시간

for
+
햇수나
시간의 길이

We have lived in this house _for 5 years_.
우리는 이 집에서 5년 동안 살았어요.
(지금도 살고 있음)

I have not seen Mary _since we left high school_.
나는 고등학교 졸업 이후에 Mary를 본 적이 없어요.
(아직도 본 적이 없음)

Tony and Sam have known each other _for 15 years_.
Tony와 Sam은 서로 알고 지낸 지 15년이 되었어요.
(지금도 친하게 지내고 있음)

3. 말하기 이전에 이미 시작해서 진행해오던 일이 말하는 시점에는 이미 끝 낸 상태.

I *have finished* my homework.
나는 숙제를 다 했어요.

Kate *has just watched* Korean series.
Kate는 막 한국 드라마를 봤어요.

I have already informed my team about the year plan.
나는 이미 우리 팀에 연간 계획을 설명했어요.

문장에서 '방금, 이미'와 같이 수식하는 시간부사와 함께 쓴다는 것을 명심합니다. 문장에서 just, already 혹은 동사 finish가 보이면 대부분 완료형에 속한다고 봐도 됩니다.

4. 이 밖에도 이미 끝난 일이지만 그에 대한 결과가 지금까지 지속되고 있는 경우.

Sam *has failed* the mid year exam.

Sam은 중간 시험에서 떨어졌어요.

(시험은 이미 끝났지만 문장에서는 Sam이 다시 시험을 준비하거나 아직도 슬퍼하고 있다는 등의 결과를 강조하고 있음)

I *have had* an accident, so my back is now in pain.

나는 예전에 사고를 당해서 아직도 등이 아파요.

(사고는 끝났지만 사고의 결과로 등이 아직도 아프다는 것을 강조하고 있음)

5. 과거에 있었던 일이 언제 있었는지 확실하게 모르거나 언제인지 굳이 말할 필요가 없을 때.

I *have met* that girl before.
나는 저 소녀를 만난 적이 있어요.
(언제 만났는지 정확하게 모르거나 말할 필요가 없음)

We *have discussed* this issue a few times.
우리는 이미 이 사건에 대해 여러 번 이야기했어요.
(언제 이야기했는지 정확하게 모르거나 말할 필요가 없음)

73 현재완료진행형

현재완료진행형(Present Perfect Continuous Tense) 문장의 구성은 아래와 같습니다.

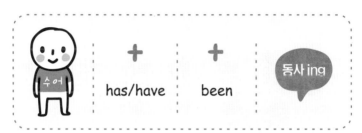

수어 + has/have + been + 동사 ing

현재완료진행형은 아래의 상황을 강조하기 위해 씁니다.

- 이전에 발생해서 현재까지 지속되고 있는 일. 여전히 진행되고 있으며 말하고 있는 바로 그때를 강조하기 위해 사용.

She *has been sleeping* for 3 hours.
그녀는 세 시간 동안 잠을 자고 있어요.
(아직도 자고 있음)

It _has been raining_ all day.
비가 하루 종일 내리고 있어요.
(아직도 내리고 있음)

I _have been watching_ Korean series since the morning.
나는 아침부터 한국 드라마를 보고 있어요.
(아직도 보고 있음)

현재완료진행형과 현재완료형은 모두 과거에 발생해서 현재까지 지속되고 있는 일을 나타냅니다. 일반적인 완료형 시제는 그 동작이 끝났거나 아직 끝나지 않았을 수도 있지만 현재완료진행형 시제는 아직 진행 중임을 강조하는 차이가 있습니다.

과거   현재   미래

Present Perfect Tense
현재완료형

Present Perfect Continuous Tense
현재완료진행형

 **단순과거형**

단순과거형(Past Simple Tense) 문장의 구성은 다음과 같습니다.

단순과거형은 과거에 있었던 일을 나타내며 특히 과거에 발생한 일이 끝난 후의 짧은 시점을 나타냅니다. 단순과거형은 대부분 사건이 발생했던 시점과 같이 쓰입니다. 예를 들어볼게요.

어제(yesterday)
지난주(last week),
지난달(last month),
작년(last year), ...
last + ...
ago
사건이 발생한 후 경과된 시간

Kate _woke up, had_ a shower
and _left_.

Kate는 일어나서 샤워를 한 후 떠났어요.

I _was_ in London in 2012.

나는 2012년에 런던에 있었어요.
(지금은 런던에 없음)

Tony _played_ tennis with his
friend yesterday.

Tony는 어제 친구와 테니스를 쳤어요.

Mozart _wrote_ more than 600
pieces of music.

Mozart는 600곡 이상의 음악을 작곡했어요.
(Mozart는 이미 죽은 사람이기 때문에 더 이상 작곡할 수 없음)

My friend _was_ in Canada two
years ago.

내 친구는 2년 전 캐나다에 있었어요.
(지금은 캐나다에 없음)

이 두 시제는 비슷해서 헷갈리기 쉬운데, 두 가지 모두 과거에 있었던 일을 나타냅니다. 단순과거형은 일이 발생한 정확한 시간이나 특정한 시간을 말할 수 있지만, 현재완료형은 확실하지 않은 과거 시점을 언급할 때 사용하는 시제입니다.

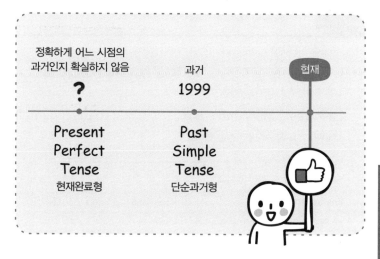

Past Simple Tense

Present Perfect Tense

아래 문장에서 단순과거형과 현재 완료형 중 어떤 시제를 써야 하는지 선택해 보세요.

1. I (just/finish) .... *have just finished* .... my homework.

   나는 이제 막 숙제를 끝냈어요.

2. Last week, Mary and I (go) .... to the mountain.

   Mary와 나는 지난주에 등산을 했어요.

3. (you/ever/see) .... a whale?

   당신은 고래를 본 적이 있어요?

4. My friend (live) .... in America two years ago.

   내 친구는 2년 전에 미국에 살았어요.

5. Tony (move) .... to his home town in 2010.

   Tony는 2010년에 고향으로 돌아갔어요.

Answers

1. have just finished (현재완료형)
2. went (단순과거형)
3. Have you ever seen (현재완료형)
4. lived (단순과거형)
5. moved (단순과거형)

75 과거진행형

과거진행형(Past Continuous Tense) 문장의 구성은 다음과 같습니다.

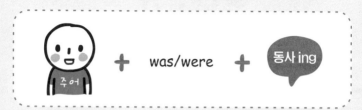

주어 + was/were + 동사 ing

과거진행형은 아래와 같은 상황에서 쓰입니다.

1. 과거의 특정한 시간에 일이 발생함

They **_were playing_** tennis
yesterday at 11:00.
그들은 어제 11시에 테니스를 쳤어요.

Yesterday morning my
mother **_was cooking_** while
my father **_was gardening_**.
어제 오전 아버지가 정원을 관리하고 있
을 때 어머니는 밥을 하고 있었습니다.

2. 과거 특정한 시간과 동시에 발생한 일

While I *was having* breakfast, my dad *was exercising*.

내가 아침밥을 먹고 있을 때, 아버지는 운동을 하셨어요.

The boys *were swimming* while the girls *were sunbathing*.

여자들이 일광욕을 하고 있을 때 남자아이들은 수영을 했어요.

동시에 발생한 일을 말할 때 반드시 '~할 때'의 뜻을 가지고 있는 while을 써야 합니다.

3. 과거 동시에 발생한 일에서 진행 중이던 하나의 동작에 다른 동작이 돌연 벌어지게 됐을 때. 진행 중인 동작은 과거진행형을 쓰며 갑자기 발생한 동작은 단순과거형을 사용합니다.

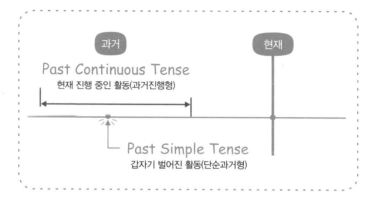

I *was watching* a film when someone *came* to my home.
누군가가 우리 집에 왔을 때 나는 영화를 보고 있었어요.

Kate *was reading* a book when the light *went* off.
정전됐을 때 Kate는 책을 보고 있었어요.

76 과거완료형

과거완료형(Past Perfect Tense) 문장의 구성은 다음과 같습니다.

주어 + had + **P.P**

과거분사

과거완료형은 과거에 발생한 두 가지 일 중에서 하나의 일이 끝난 후에 다른 일이 발생했을 때 사용합니다. 먼저 끝난 사건은 과거완료형으로 나타내고 이어서 발생한 사건은 단순과거형으로 나타냅니다.

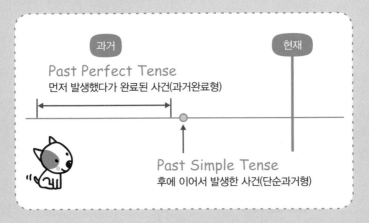

과거   현재

Past Perfect Tense
먼저 발생했다가 완료된 사건(과거완료형)

Past Simple Tense
후에 이어서 발생한 사건(단순과거형)

258

I **_had worked_** for 6 hours before
Tony **_arrived_**.

나는 Tony가 도착하기 전 이미 여섯 시간을 일했어요.

They **_had finished_** playing football
when the accident **_occurred_**.

사고가 벌어졌을 때 그들은 이미 축구를 그만둔 상태였어요.

Mom **_had left_** when I **_came_** home.

내가 집에 왔을 때 어머니는 이미 떠나신 후였어요.

과거완료형과 단순과거형을 함께 쓰는 문장에서는 때때로 before(이전에), when(~할 때) 혹은 after(이후에)와 같은 '접속사'를 씁니다. 접속사들은 사건의 전후관계를 나타내는 역할을 하는데, 사실 시제를 정확하게 사용하면 before나 after와 같은 말을 거의 사용할 필요가 없답니다. 왜냐하면 어떤 사건이 과거완료형을 쓰고 있는 것만 보아도 다른 사건보다 먼저 일어난 일이라는 걸 알 수 있기 때문입니다. 예를 들어볼게요.

내가 집에 왔을 때, (이전에) 어머니는 나가셨어요.

My mom had left _before_ I came home.

My mom had left _when_ I came home.

when을 사용했지만 어떤 일이 먼저 일어났는지 알 수 있음

내가 밥을 다 먹었을 때, (이후에) 전화가 왔어요.

After I had finished dinner, someone called.

When I had finished dinner, someone called.

when을 사용했지만 어떤 일이 먼저 일어났는지 알 수 있음

아래 문장에 단순과거형과 과거진행형 혹은
과거완료형 중 올바른 시제를 골라 써보세요.

1. **When he** (wake up) ....woke up...., **his mom** (already / prepare)
...........had already prepared........... **breakfast.**

그가 일어났을 때 그의 어머니는 이미 아침밥을 준비해놓으셨어요.

2. **While one group** (prepare) .... **dinner, the others**

(collect) .... **wood for the campfire.**

한 팀이 저녁밥을 다 준비하고 있을 때 다른 팀은 캠프파이어에 쓸 나무를 모
으고 있었어요.

3. **While we** (drive) .... **home, the car**

(break) .... **down.**

우리가 차를 운전하고 있을 때 차가 고장 났어요.

4. It (be) .... cloudy for days before it (begin)
.... to rain.
며칠 동안 흐리다가 비가 오기 시작했어요.

5. Kate (already/type) .... up three pages
when her computer (crash) ....
Kate가 이미 3페이지를 작성했을 때, 그녀의 컴퓨터가 망가졌어요.

Answers

1. woke up, had already prepared
2. was preparing, were collecting
3. were driving, broke
4. had been, began
5. had already typed, crashed

77 과거완료진행형

과거완료진행형(Past Perfect Continuous Tense) 문장의 구성은 다음과 같습니다.

주어 + had been + 동사 ing

과거완료진행형은 과거완료형과 비슷하지만 자세히 살펴보면 많이 다릅니다.
예를 들어볼게요.

• 과거완료진행형은 과거에 이미 완료된 일을 말하는데, 특별히 다른 하나의 일이 발생한 그때 계속해서 진행 중이었던 상태를 강조해요.

They _had been playing_ soccer when the accident _occurred_.
그들은 사고가 발생했을 때 축구를 하고 있었어요.
(축구를 하고 있음)

263

I had been working for 6 hours before my friend *arrived*.
나는 친구가 도착하기 전에 이미 여섯 시간 동안 일을 하고 있었어요.

They *had been living* in that town for ten years before they *moved* to New York.
그들은 뉴욕으로 이사하기 전에 이미 그곳에 10년을 살고 있었어요.
(다른 곳에 가본 적 없이 그곳에서만 계속 살았음)

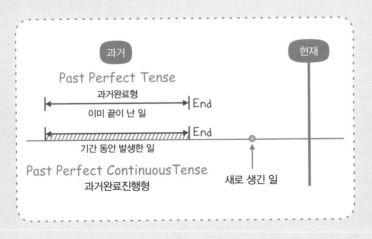

과거

현재

Past Perfect Tense
과거완료형
이미 끝이 난 일
End

End
기간 동안 발생한 일

Past Perfect Continuous Tense
과거완료진행형

새로 생긴 일

78 단순미래형

단순미래형(Future Simple Tense) 문장의 구성은 아래와 같습니다.

단순미래형은 아래와 같은 상황에서 쓰입니다.

1. 미래에 일어날 거라고 예상하는 상황이나 일어날 것 같은 느낌이 드는 상황

She's working hard.
She *will get* a big bonus.
그녀는 매우 열심히 일했어요.
그녀는 보너스를 두둑하게 받을 거예요.

I'*ll pass* the exam.
I'm studying hard.
나는 이 시험에 합격할 거야.
나는 매우 열심히 공부하고 있어.

Tony *will go* out on a date with Kate for sure.
She is beautiful.

Tony는 Kate와 꼭 데이트를 할 거예요. 그녀는 아름다워요.

2. 하기로 결정한 일을 이야기할 때

I've left the door open.
I *will close* it now.

문을 연 채로 떠났습니다.
지금 닫을 것입니다.

They're bored.
They'*ll go* shopping.

그들은 심심해서 쇼핑을 하러 갈 거예요.

미래에 있을 것 같은 일을 말할 때 내 생각에(I think...), 내 생각과는 다르게 (I don't think...), 내가 예상하기에(I expect...), 나는 확실히(I'm sure...), 나는 궁금해(I wonder...), 아마도(probably...)와 같은 구를 함께 사용할 수 있어요.

It _will_ probably _rain_ tonight.
오늘 밤엔 아마 비가 올 거예요.

I wonder what _will happen_ to them?
그들에게 무슨 일이 생긴 거예요?

I'm sure Kate _will come_ here.
나는 Kate가 여기로 올 거라고 확신해요.

79 미래진행형

미래진행형(Future Continuous Tense) 문장의 구성은 다음과 같습니다.

주어 **+** will **+** be **+** 동사ing

미래진행형은 아래의 상황에서 쓰입니다.

- 특정한 미래 시간에 반드시 일어날 사건

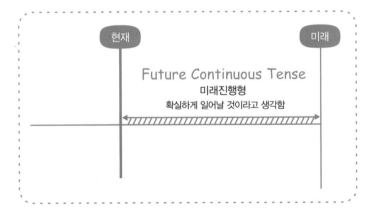

현재   미래

Future Continuous Tense
미래진행형
확실하게 일어날 것이라고 생각함

I**_'ll be watching_** a football match next
Sunday afternoon.
나는 다음 주 일요일 오후에 축구 경기를 보러 갈 거예요.

When you arrive, I**_'ll be sleeping_**.
네가 올 때면 나는 자고 있을 거예요. (미래에 있을 일)

We **_will be working_** on our report
tomorrow morning.
우리는 내일 아침 보고서를 작성하고 있을 거예요.

PART 09 시제

80 미래완료형

미래완료형(Future Perfect Tense) 문장의 구성은 다음과 같습니다.

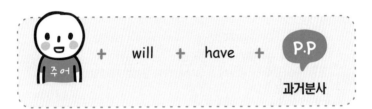

특정한 시간에 일어난 일의 끝나는 시간이 미래일 때 사용합니다. 시작되는 시간
은 과거일 수도 현재일 수도 미래일 수도 있지만 끝나는 시간이 확실하게 미래
일 경우(끝나는 때를 강조)나 특정한 미래의 사건 전입니다.

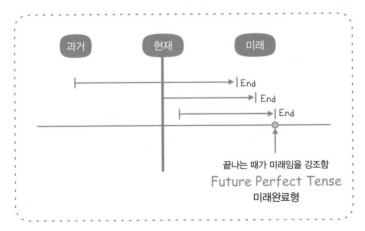

I *will have revised* my homework by the end of this weekend.
나는 이번 주가 끝나기 전에 숙제를 수정할 거예요.

She *will have prepared* dinner by the time her husband arrives home.
그녀는 남편이 집에 오기 전에 저녁 준비를 마칠 거예요.

I *won't have finished* this task by the end of December.
나는 12월 말까지 이 일을 끝낼 수가 없을 거예요

By tomorrow, Kate *will have finished* her report.
내일까지 Kate는 보고서를 마칠 거예요.

미래완료형을 쓰는 문장은 by를 써서 끝나는 시점을 나타낸다는 것에 유의합니다.

아래 문장에 단순미래형과 미래완료형 중
어떤 걸 써야 하는지 고르세요.

1. I think I (start) ...will start... my new project tomorrow.

내 생각에 새 프로젝트는 내일 시작할 것 같아요.

2. I (finish) .... it by the end of this month.

나는 이번 달 말까지 이것을 끝낼 거예요.

3. **They** (leave) .... the classroom by the end of the hour.

그들은 이 시간이 지나기 전에 교실에서 나갈 거예요.

4. **My friend** (get) .... a good mark.

내 친구는 좋은 점수를 받을 거예요.

5. **We** (plan) .... our trip tomorrow.

우리는 내일 여행 계획을 쌀 거예요.

Answers

1. will start (단순미래형)
2. will have finished (미래완료형)
3. will have left (미래완료형)
4. will get (단순미래형)
5. will plan (단순미래형)

81 미래완료진행형

미래완료진행형(Future Perfect Continuous Tense) 문장의 구성은 다음과 같습니다.

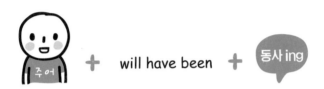

주어 **+** will have been **+** 동사 ing

미래완료진행형은 오래전에 이미 벌어졌다고 할 수 있는 일이 미래의 특정한 시점 전까지 계속될 경우에 씁니다. 이 일이 시작된 시점은 과거, 현재 혹은 미래가 될 수 있지만 반드시 미래의 특정한 시점이나 또 다른 일이 벌어지기 전에 끝나야 합니다.

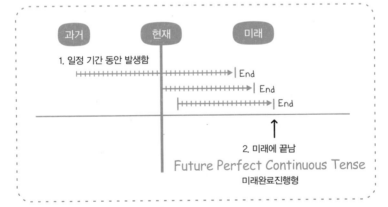

**She _will have been working_ for over 8 hours
by the time her friends arrive.**

그녀의 친구가 도착할 때, 그녀는 이미 여덟 시간을 일하고 있을 거예요.
(지금은 여덟 시간이 되지 않았지만 친구가 올 미래에 그녀는 여전히 일을 하고 있
을 것이며 시간은 여덟 시간이 될 경우)

- -

**He _will have been studying_ Chinese for
three years next month.**

그는 다음 달이면 중국어를 공부한 지 3년이 될 거예요.
(지금도 공부하고 있지만 아직 3년이 되지 않음. 하지만 다음 달이 되면 3년이 됨)

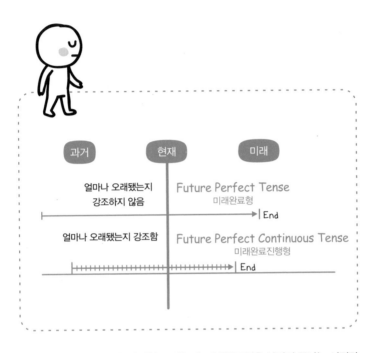

비교를 해보면 다른 점을 발견할 수 있는데, 미래완료형은 사건이 끝나는 시점만을 나타내지만, 미래완료진행형은 사건이 지속된 시간을 나타냅니다.

Prepositions
전치사

전치사란 무엇인가요?

전치사(prepositions)는 주로 명사나 대명사 앞에 위치하며 문장에서 다른 단어를 이어주는 역할을 합니다.

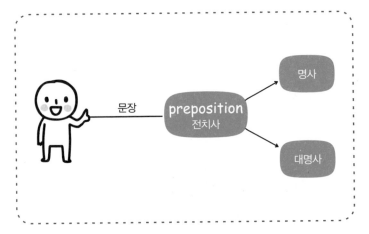

그럼 전치사가 무엇인지 알아봐야겠죠? 우선 전치사의 뒤에는 반드시 명사나 대명사만이 올 수 있답니다.

영어에서 전치사는 그 기능에 따라 세 가지로 나눌 수 있습니다.

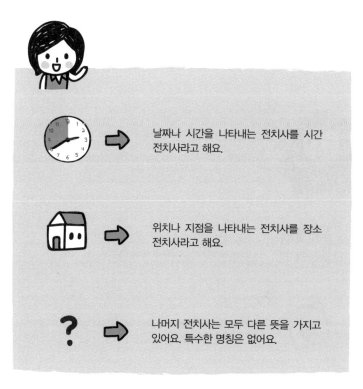

날짜나 시간을 나타내는 전치사를 시간 전치사라고 해요.

위치나 지점을 나타내는 전치사를 장소 전치사라고 해요.

나머지 전치사는 모두 다른 뜻을 가지고 있어요. 특수한 명칭은 없어요.

전치사의 대부분은 날짜나 시간을 나타내는 시간 전치사나 위치나 지점을 나타내는 on, in, at과 같은 장소 전치사입니다.

83 시간 전치사

시간 전치사(prepositions of time)는 날짜나 시간을 나타내기도 하고 기간을 나타내기도 합니다. 예를 들어볼게요.

on

- 요일(Sunday, Monday, Tuesday...)
- 날짜(19th Dec, 23rd March, 13th July...)
- 주말이나 휴일(on the weekend, on holidays...)

Many shops close _on_ Sunday.
많은 상점들은 일요일에 문을 닫아요.

My birthday is _on_ 19th December.
내 생일은 12월 19일이에요.

What do you like to do _on_ the weekend?
주말에 뭐 하고 싶어요?

- 월(January, March, June...)
- 계절(Summer, Winter, Spring...)
- 해(2013, 1999, 1969...)
- 시간(the morning, the evening... 반드시 the를 붙임)

I visited France *in* the summer of July *in* 2011.
나는 2011년 / 월 여름에 프랑스에 갔어요.

We'll go to the park *in* the evening.
우리는 저녁에 공원에 갈 거예요.

- 시계의 시간
- 정확한 시간(breakfast, lunch, dinner...)
- night, midnight, noon
- 주말의 시간[at the weekend(영국식 영어의 용법)]

It gets cold *at* night.
밤에 추워져요.

We'll surprise him *at* midnight.
자정에 그를 위해 깜짝파티를 할 거예요.

There is a meeting *at* 14:30.
14시 30분에 회의가 있어요.

281

since

과거부터 현재까지 계속 되는 시간을 표현. ~이래로, ~부터(내내)를 의미(완료형과 함께 사용)
(since 1966, since I was young...)

since

He has played soccer _since_ 2002.
그는 2002년부터 축구를 했어요.

England has not won the World
Cup in football _since_ 1966.
잉글랜드는 1966년 이후로 월드컵에서 우승한 적이 없어요.

for

기간(for 3 years, for 2 hours...)

for

We have been a couple _for_ 5 years.
우리는 사귄 지 5년이 되었어요.

I have been waiting for Tony _for_ 2 hours.
나는 Tony를 두 시간이나 기다렸어요.

till/until

동작이나 상태의 계속을 의미

till/
until

We will stay here *until* half past six.
우리는 6시 반까지는 이곳에 있을 거예요.

They had talked *until* the teacher
came.
그들은 선생님이 오실 때까지 이야기를 했어요.

by

시간 앞에 두어서 동작의 완료를 나타냄

by

She will have finished her report
by the end of this month.
그녀는 이번 달 내로 보고서를 완성할 거예요.

Frank will have returned the
money back to you *by* the end of
this year.
Frank는 올해 안으로 돈을 갚을 거예요.

문장에 들어갈 올바른 시간 전치사를 써보세요.

prepositions of time

1. What are you doing ......*on*...... Sunday?
   일요일에 뭐 해요?

2. I always read .... the afternoon.
   나는 오후에 항상 책을 읽어요.

3. She'll come back .... three p.m.
   그녀는 오후 3시까지 돌아올 거예요.

4. I'll be away from here .... 3 years.
   나는 3년 동안 떠나있을 거예요.

5. He'll be here .... nine o'clock.
   그는 9시까지 이곳으로 올 거예요.

6. I haven't been to the countryside .... I started working.
   나는 일하기 시작한 이후로 한 번도 시골에 간 적이 없어요.

Answers

1. on   2. in   3. at   4. for   5. by   6. since

84 장소 전치사

장소 전치사(prepositions of place)는 영어에서 위치나 지점을 나타내기도 하고 다른 역할을 하기도 합니다. 자주 보이는 단어로 예를 들어볼게요.

on ⇒
- ~의 위에, ~위에(무언가 아래 놓인 물건의 위)
- 강의 이름과 사용해서 강가 근처를 나타냄
- 오른쪽에, 왼쪽에(on the left, on the right)
- 층수(on the first floor)
- 텔레비전, 라디오(on TV, on the radio)

Look at the picture _on_ the wall.
벽에 걸려 있는 사진을 보세요.

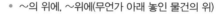

The restaurant is _on_ the Hangang River.
그 식당은 한강(근처)에 있어요.

My favorite program _on_ TV is drama series.
내가 가장 좋아하는 텔레비전 프로그램은 드라마예요.

A smile _on_ your face makes me happy.
당신 얼굴의 미소가 나를 기쁘게 만들어요.

The temple is _on_ the left.
사원은 왼쪽에 있어요.

My classroom is _on_ the third floor.
우리 교실은 3층에 있어요.

| in | ⇒ | ~내에, ~안에, 쪽에 |

I live _in_ Seoul
나는 서울에 살고 있어요.

Look at the examples _in_ the book.
책에 나온 예문을 보세요.

She is _in_ her car.
그녀는 차 안에 있어요.

The cat is sleeping _in_ the kitchen.
고양이는 주방에서 자고 있어요.

➡
- 정확한 위치나 특정한 지점
- 어떤 활동 앞에 위치(콘서트 보기, 영화보기...)
- 어떤 장소 앞에 위치. 그 장소에서 어떤 활동을 함을 나타냄. 예를 들어 at school은 학교를 가는 것을 나타내고, at hospital은 병원에 가서 의사 선생님을 보는 것을 나타냄

She has been waiting for you _at_ the bus stop.
그녀는 버스 정류장에서 당신을 기다리고 있어요.

I'm _at_ school.
나는 학교에 있어요.(공부 중임)

Mom sat _at_ the exit.
어머니는 출구 쪽에 앉았어요.

They are _at_ the concert.
그들은 콘서트를 보고 있어요.

He is _at_ work.
그는 근무 중이에요.

between ➡ 두 물건, 두 곳의 장소나 두 사람 사이에 사용

I'm sitting _between_ Paula and Tony.
나는 Paula와 Tony 사이에 앉아 있어요.

The town lies halfway _between_ Rome and Florence.
그 도시는 Rome과 Florence의 중간에 위치해 있어요.

 behind ➡ ~의 뒤에

I hung my coat _behind_ the door.
나는 문 뒤에 내 코트를 걸어 두었어요.

There is someone _behind_ you.
네 뒤에 누군가가 있어요.

in front of ➡ ~의 앞에

I'm standing in the line *in front of* a group of teenagers.
나는 10대 청소년들 앞에 줄서 있어요.

The building you want is *in front of* the pharmacy.
당신이 원하는 그 건물은 약국 앞에 있어요.

under ➡
- ~의 아래에(책상 아래, 침대 아래...)
- ~의 바로 밑에

The dog is *under* the chair.
개는 의자 밑에 있어요.

There is a bat *under* the roof.
지붕 아래에 박쥐가 한 마리 있어요.

over ➡
- ~의 (바로) 위에
- ~의 위를 덮어
- ~을 넘어

Paula held the umbrella _over_ both of us.
Paula는 우산을 우리 위로 들고 있어요.

I walked _over_ the bridge.
나는 다리를 건너 갔어요.

below ➡
- ~보다 아래에, 밑에

The plane is just _below_ the cloud.
비행기는 구름 바로 밑에서 날고 있어요.

- ~보다 위에
- ~을 넘어

The birds fly above the tree.
새들은 나무 위를 날고 있어요.

across

- ~을 가로질러
- ~의 맞은 편에

She walked across the road.
그녀는 길을 건넜어요.(다른 쪽으로 넘어감)

prepositions of place

1. I see my cat ......in........ the kitchen.
   나는 주방에 있는 고양이를 보았어요.

2. There are your commencement pictures .... the wall.
   당신의 졸업 사진은 벽에 걸려 있어요.

3. There is a window .... the table.
   테이블 뒤에는 창문이 있어요.

4. Mom is standing .... her husband.
   어머니는 남편 앞에 서 있어요.

5. The kids are .... school.
   아이들은 학교에 있어요.

6. We walked .... the field.
   우리는 들판을 넘어갔어요.

Answers

1. in   2. on   3. behind   4. in front of   5. at   6. across

PART 10 전치사

85 기타 전치사

기타 전치사 중에서는 우리가 시간 전치사나 장소 전치사에서 배운 단어들도 포함되어 있습니다. 하지만 기타 유형이라고 불리는 것들은 조금 다른 역할을 가집니다. 비교적 중요한 단어들로 예를 들어볼게요.

from

• 출신, 원료(~로 만들어진)

Where are you _from_?
어디서 오셨어요?

I'm _from_ Thailand.
나는 태국에서 왔어요.

of

- 소속을 나타냄(~의)
- 수량이나 도량 단위 뒤에 위치함
- …로 만든

That man is a friend _of_ Tony.
저 남자는 Tony의 친구예요.

I bought two kilos _of_ apples.
나는 사과 2킬로그램을 샀어요.

This sofa is made _of_ leather.
이 소파는 가죽으로 만들었어요.

by

- ~에 의하여(수동형으로 동작의 주체를 나타냄)
- 교통, 교통수단을 나타낼 때

This book is written _by_ Amy.
이 책은 Amy가 썼어요.

She went to school _by_ car.
그녀는 차로 학교에 갔어요.

on

- 두 발로 이동(on foot)
- get과 함께 대중교통을 이용할 때 사용

I came here _on_ foot.
나는 여기에 걸어서 왔어요.

I get _on_ the train.
나는 기차를 탔어요.

in

- get과 함께 자동차나 택시를 이용했을 때 사용

She got _in_ the car.
그녀는 차에 탔어요.

I'm getting _in_ a taxi.
나는 지금 택시를 타고 있어요.

out of

• get과 함께 자동차나 택시에서 내릴 때 사용

She got _out of_ the car.
그녀는 차에서 내렸어요.

I'm getting _out of_ taxi.
나는 택시에서 내리고 있어요.

off

• get과 함께 사용해서 대중교통이나 기차
에서 내릴 때 사용

Get _off_ the bus now.
지금 버스에서 내리세요.

I'm getting _off_ the subway.
나는 지하철에서 내렸어요.

about

- ∼에 대해서
- ∼에 관하여

What is this book _about_?
이 책은 무엇에 관한 거예요?

This book is _about_ English grammar.
이 책은 영어 문법과 관련된 책이에요.

86 중요한 세 단어 : in, on, at

여러 가지 전치사 중에서 in, on, at 이 세 가지 단어가 아마 가장 많이 쓰일 겁니다. 서로 다른 점을 잘 비교해서 개념을 이해하고 넘어갑니다.

in, on, at으로 시간을 나타내기

at

정확한 시간이나
특정한 시점

_**at**_ 3 o'clock
3시에

_**at**_ 4 a.m.
새벽 4시에

_**at**_ noon
정오에

on

June 2014

기간이나 날짜

_**on**_ Monday
월요일에

_**on**_ 13 June
6월 13일에

_**on**_ vacation
휴가 중에

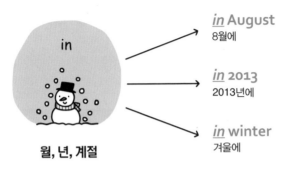

in August
8월에

in 2013
2013년에

in winter
겨울에

in

월, 년, 계절

📝 in, on, at으로 위치나 지점을 나타낼 때

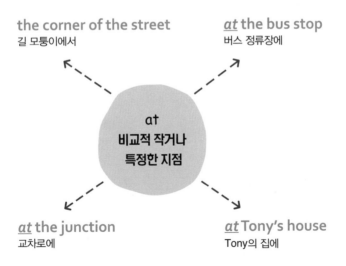

the corner of the street
길 모퉁이에서

at the bus stop
버스 정류장에

at
비교적 작거나
특정한 지점

at the junction
교차로에

at Tony's house
Tony의 집에

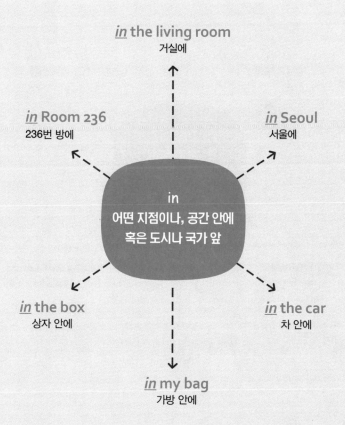

in the living room
거실에

in Room 236
236번 방에

in Seoul
서울에

in
어떤 지점이나, 공간 안에
혹은 도시나 국가 앞

in the box
상자 안에

in the car
차 안에

in my bag
가방 안에

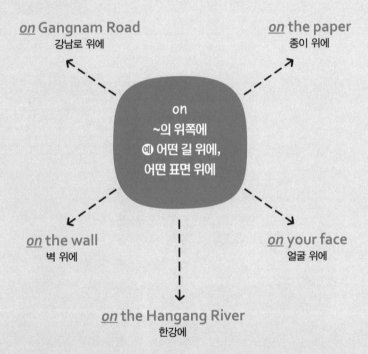

on Gangnam Road
강남로 위에

on the paper
종이 위에

on
~의 위쪽에
에 어떤 길 위에,
어떤 표면 위에

on the wall
벽 위에

on your face
얼굴 위에

on the Hangang River
한강에

연습문제 10-03

in, on, at 이 세 가지 전치사를 올바르게
사용해서 문장을 완성하세요.

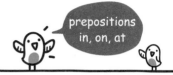

prepositions
in, on, at

1. Look at the picture ......on...... the wall.
   벽에 걸려 있는 사진 좀 봐요.

2. I was .... Kate's home yesterday.
   나는 어제 Kate의 집에 있었어요.

3. Do you like walking .... the garden .... Summer?
   여름에 정원에서 걷는 걸 좋아해요?

4. I found my keys .... the desk.
   나는 책상 위에서 내 열쇠를 찾았어요.

5. I met him .... Paris.

나는 그를 파리에서 만났어요.

6. I saw a film .... TV.

나는 텔레비전에서 영화 한 편을 보았어요.

7. These people love living .... their hometown.

이 사람들은 자신들의 고향에서 사는 걸 좋아해요.

8. My house is .... the end of the street.

내 집은 길 끝편에 있어요.

1. on   2. at   3. in, in   4. on   5. in

6. on   7. in   8. at

Conjunctions
접속사

87 접속사란 무엇인가요?

접속사(conjunctions)는 두 단어나 문장, 구를 연결하는 역할을 합니다.

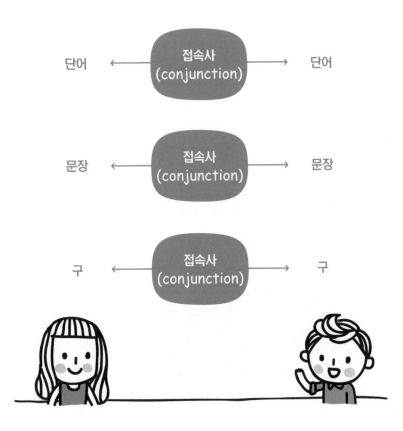

접속사의 종류에는 세 가지가 있습니다.

🖊️ 등위 접속사(coordinating conjunctions)

coordinate는 공동으로 작용하거나 동격이라는 뜻입니다. 등위 접속사는 전
과 후의 두 대상을 연결하는데, 이때 연결되는 두 대상은 동격이어야 합니다.
다시 말해 단어는 단어와 문장은 문장과 구는 구와 연결해야 한다는 뜻입니다.
등위 접속사에는 and, but, or 등이 있습니다.

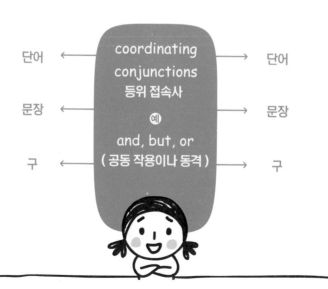

📝 상관 접속사(correlative conjunctions)

correlative는 서로 상관이 있다는 뜻입니다. 상관 접속사는 대부분 쌍을 이루는
형식으로 사용됩니다. 그런데 either... or, neither... nor, not only... but also
처럼한 쌍을 이루지 않는 경우도 있답니다.

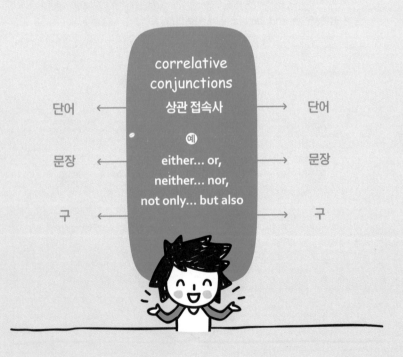

correlative
conjunctions
상관 접속사
예
either... or,
neither... nor,
not only... but also

단어 ← → 단어

문장 ← → 문장

구 ← → 구

📝 종속 접속사(subordinating conjunctions)

subordinate의 뜻은 종속입니다. 종속 접속사는 수식하는 문장(종속절)을 연결하는 역할을 하는데, 본 의미를 가지고 있는 문장(주절)은 언제나 종속되는 문장(종속절)의 앞에 위치합니다.

종속 접속사로는 when, until, while, bacause, in order that 등이 있습니다.

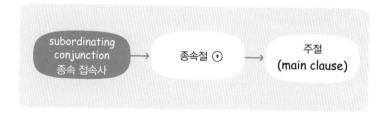

88 글의 의미에 따라 사용하는 접속사와 접속부사

앞에서 설명한 접속사 이외에, 단어를 연결해주는 말들이 있습니다. 접속사라고 하지 않고, 같은 역할을 하는 말을 접속부사라고 합니다. however, nevertheless, on the other hand 등이 있는데 이를 이용해 문장을 꾸며주는 역할을 합니다.

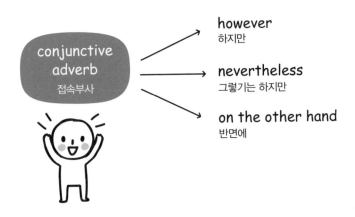

conjunctive adverb
접속부사

however
하지만

nevertheless
그렇기는 하지만

on the other hand
반면에

앞에서 설명한 대로 상태에 따라 접속사를 분류하는 것 이외에 연결하는 단어나 문장 혹은 구의 뜻에 따라 접속사를 아래처럼 분류하기도 합니다.

1. 대등

이 유형의 접속사는 같은 성질을 가진 두 단어나, 문장 혹은 구를 연결하는 데 쓰여요. 이런 접속사의 예로는 and(그리고), both... and...(~와 ~ 모두)가 있습니다.

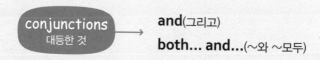

conjunctions
대등한 것
→ **and**(그리고)
both... and...(~와 ~모두)

2. 반대

이 유형의 접속사는 서로 반대되는 성질을 가진 두 단어나 문장 혹은 구를 연결하는 데 쓰여요. 이런 접속사의 예로는 but(그러나), however(하지만), although(비록, ~이긴 하지만)가 있습니다.

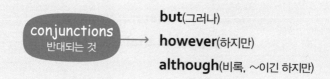

conjunctions
반대되는 것
→ **but**(그러나)
however(하지만)
although(비록, ~이긴 하지만)

3. 선택

이 유형의 접속사는 단어나 문장 혹은 구를 선택하는 데 쓰여요. 이런 접속사의 예로는 or(혹은), either... or...(~거나 ~거나), whether... or not(~인지 아닌지)가 있습니다.

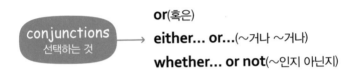

conjunctions
선택하는 것

→

or(혹은)
either... or...(~거나 ~거나)
whether... or not(~인지 아닌지)

4. 원인과 결과

이 유형의 접속사는 인과관계에 있는 단어나 문장 혹은 구를 연결하는 데 쓰여요. 이런 접속사의 예로는 because(왜냐하면), so(그래서), there-fore(그러므로), so that(~하기 위하여)이 있습니다.

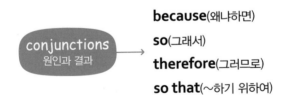

conjunctions
원인과 결과

→

because(왜냐하면)
so(그래서)
therefore(그러므로)
so that(~하기 위하여)

89 and 그리고, 및

- ☑ 그리고, 및
- ☑ 등위 접속사
- ☑ 대등한
- ☑ 단어와 단어, 문장과 문장, 구와 구를 연결

He plays tennis _and_ soccer.
그는 테니스와 축구를 해요.

She is going to the zoo _and_ painting pictures on the same day.
그녀는 같은 날에 동물원 구경과 그림 그리기를 하려고 해요.

I ate lunch with Paula _and_ Kate.
나는 Paula와 Kate랑 점심을 먹었어요.

90 both... and... ~와 ~모두

both... and

- ☑ ~와, ~모두
- ☑ 상관 접속사
- ☑ 대등한
- ☑ 단어와 단어, 문장과 문장, 구와 구를 연결

{ *Both* TV *and* television are correct words.
TV와 텔레비전은 모두 맞는 말이에요.

I have invited *both* Billy *and* Tony to the party tonight.
나는 오늘 밤 파티에 Billy와 Tony를 모두 초대했어요.

He won gold medals from *both* the single *and* group categories.
그는 개인전과 단체전에서 모두 금메달을 땄어요.

91 not only... but also
~뿐만 아니라 ~도

not only... but also

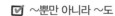

☑ ~뿐만 아니라 ~도

☑ 상관 접속사

☑ 대등한

☑ 단어와 단어, 문장과 문장, 구와 구를 연결

Not only red ***but also*** green looks good on you.
빨간색뿐만 아니라 초록색도 당신에게 잘 어울려요.

She got the perfect score in ***not only*** English ***but also*** math.
그녀는 영어뿐만 아니라 수학에서도 만점을 받았어요.

Not only they are noisy ***but*** they are ***also*** lazy.
그들은 시끄러울 뿐만 아니라 게으르기까지 해요.

92 but 하지만, ~를 제외하고, 단지, 그저 ~뿐

> but

- ☑ 하지만, ~를 제외하고, ~이외에
- ☑ 등위 접속사
- ☑ 반대되는
- ☑ 단어와 단어, 문장과 문장, 구와 구를 연결

He works quickly _but_ accurately.
그는 일하는 게 매우 빠르지만 정확해요.

I need nobody _but_ you.
나는 오로지 당신만을 원해요.

I am a night owl, _but_ she is an early bird.
나는 저녁형 인간이지만 그녀는 아침형 인간이예요.

93 however 그러나

- ☑ 그러나
- ☑ 접속부사
- ☑ 반대되는

첫 번째 용법

나눠진 두 문장을 연결할 때, 두 문장 모두 마침표를 사용합니다. however의 뒤에는 쉼표를 두고 뒤에 두 번째 문장을 배치합니다.

첫 번째 문장 .   However   ,   두 번째 문장 .

She doesn't like salads.
However, she likes vegetables.
그녀는 샐러드를 좋아하지 않지만, 채소는 좋아해요.

317

He loves to watch football matches. *However*, he doesn't play football.

그는 축구 경기를 보는 것은 좋아하지만 축구를 하지는 않아요.

📝 두 번째 용법

짧은 문장 두 개를 연결해서 하나의 긴 문장을 생성합니다.

첫 번째 문장 **;** however **,** 두 번째 문장 **.**

however가 중간에 위치할 때 앞에 문장에는 세미콜론(;)을 쓰며 뒤에(,)를 붙입니다.

Tony loves animals; *however*, he doesn't have any.

Tony는 동물을 좋아하지만, 아무것도 키우지 않아요.

Billy want fishing today; *however*, his brother went fishing yesterday.

Billy는 오늘 낚시를 가고 싶어했지만, 그의 형은 어제 낚시를 갔다 왔어요.

94 although 비록 ~하지만

- ☑ 비록 ~하지만
- ☑ 종속 접속사
- ☑ 모순된

주절 + although + 종속절.

Although + 주절 , + 종속절.

[although를 맨 앞에 위치할 경우 반드시 주절과 종속절 사이에 쉼표(,)를 사용]

She showed up _although_ she felt sick.
그녀는 비록 몸이 아팠지만 나왔어요.

- -

Although he is very old, he goes jogging every morning.
그는 나이가 매우 많지만, 매일 아침 조깅을 해요.

Although Mom told me to come home early, I stayed out late.
어머니께서 집에 일찍 오라고 하셨지만, 나는 늦게까지 밖에 있었어요.

95 though 비록 ~할지라도

- ☑ 비록 ~할지라도
- ☑ although와 용법이 매우 비슷하지만 though는 구어적 표현에서 사용
- ☑ 종속 접속사
- ☑ 모순된

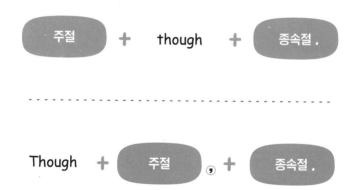

주절 + though + 종속절.

- -

Though + 주절 , + 종속절.

[though를 맨 앞에 위치할 경우 반드시 주절과 종속절 사이에 쉼표(,)를 사용]

Though I liked the shoes,
I decided not to buy them.
신발이 좋긴 하지만, 사지는 않기로 했어요.

I ran home ***though*** it was
raining.
비가 오지만, 나는 집에 뛰어갈 거예요.

Though Mary has a car,
she rarely drives it.
Mary는 차가 있지만, 거의 운전하지 않아요.

2

hootde

96 even though
비록 ~할지라도

- ☑ 비록 ~할지라도
- ☑ although, even if와 비슷
- ☑ 종속 접속시
- ☑ 상반된

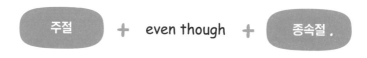

주절 + even though + 종속절 .

Even though + 주절 , + 종속절 .

[even though을 맨 앞에 위치할 경우 반드시 주절과 종속절 사이에 쉼표(,)를 사용]

Sam looked quite fresh _even though_ he'd been playing tennis.
Sam은 테니스를 계속해서 쳤지만 굉장히 활기 있어 보였어요.

Even though you dislike Kate, you should try to be nice to her.
비록 당신이 Kate를 좋아하지 않더라도 그녀에게 잘해주도록 노력해야 해요.

Even though Frank hadn't studied, he passed the exam.
Frank는 공부를 하지 않았지만, 시험에 합격했어요.

Even though Frank had studied very hard, he did not get good scores.
Frank는 공부를 굉장히 열심히 했지만, 좋은 점수를 받지는 못했어요.

97 nevertheless
그럼에도 불구하고

- ☑ 그렇지만, 그럼에도 불구하고
- ☑ 접속부사

She is half-Thai, half-German. _Nevertheless_, she cannot speak German.
그녀는 태국, 독일 혼혈이지만 독일어를 할 줄 몰라요.

His father is a soccer coach. _Nevertheless_, he cannot play football.
그의 아버지는 축구 감독이지만 축구를 할 줄 몰라요.

나눠진 두 문장을 연결할 때, 두 문장 모두 마침표를 사용합니다. nevertheless 의 뒤에는 반드시 쉼표(,)를 넣어준 후 두 번째 문장을 배치합니다.

첫 번째 문장 . **Nevertheless** , 두 번째 문장 .

June lived in Tokyo for 10 years. _Nevertheless_, she can't speak any Japanese.
June은 도쿄에 10년이나 살았어요. 그럼에도 불구하고 일본어를 하나도 할 줄 몰라요.

Tony is terrified of flying. _Nevertheless_, he flies to London at least once a month.
Tony는 비행기 타는 걸 무서워해요. 그럼에도 불구하고 적어도 한 달에 한 번 비행기를 타고 런던을 가요.

두 번째 용법

짧은 두 문장을 하나의 문장을 만들기 위해서는 nevertheless를 문장의 가운데 두고 앞에 세미콜론(;)을 찍고 뒤에 쉼표(,)를 넣습니다.

첫 번째 문장 **(;)** nevertheless **(,)** 두 번째 문장.

Frank is very shy; _nevertheless_, he always sings at school parties.
Frank는 매우 수줍음이 많지만, 학교 파티에서 매번 노래를 불러요.

Kate doesn't like strawberries; _nevertheless_, she eats strawberry flavor ice-cream everyday.
Kate는 딸기를 좋아하지 않지만, 매일 딸기맛 아이스크림을 먹어요.

yet 하지만, 여전히

- ☑ 하지만, 여전히
- ☑ but과 매우 비슷
- ☑ 등위 접속사
- ☑ 짧은 두 문장을 하나의 문장으로 연결하고 앞 문장 뒤에 쉼표(,)를 더함

짧은 문장 **, yet** 짧은 문장 **.**

He performed very well, _yet_ he didn't make the final cut.
그는 매우 잘했지만 결승에 오르지는 못했어요.

They gamble, _yet_ they don't smoke.
그들은 도박은 하지만 담배는 피우지 않아요.

Paula sings very well, _yet_ she can't dance.
Paula는 노래는 잘하지만 춤은 못 춰요.

99 on the other hand 반면에

☑ 반면에, ~하지만
☑ 접속부사

📝 첫 번째 용법

나눠진 두 문장을 연결할 때, 두 문장 모두 마침표를 사용합니다. on the other hand의 뒤에는 쉼표(,)를 넣고 두 번째 문장을 배치합니다.

첫 번째 문장 . On the other hand ⊙ 두 번째 문장 .

I love to own and ride a horse.
On the other hand, taking care
of it is a very big task.
나는 말을 가지고 타는 것을 좋아하지만,
말을 돌보는 건 큰일이에요.

📝 두 번째 용법

짧은 두 문장을 하나의 문장으로 만들기 위해 on the other hand를 문장의 가운데 두고 앞에 세미콜론(;)을 찍고 뒤에(,)를 넣습니다.

첫 번째 문장 (;) on the other hand (,) 두 번째 문장 .

Living in a cold climate is difficult; _on the other hand_, there are many winter activities.
추운 지방에 사는 건 힘들지만, 반면에 그곳에는 많은 겨울 활동이 있어요.

Working hard is a way to succeed; _on the other hand_, that isn't very healthy.
열심히 일하는 것은 성공의 길이긴 하지만 건강에는 매우 좋지 않아요.

100 or 혹은

- ☑ 혹은, ~인지 또는, (명령문 뒤에서) 그렇지않으면
- ☑ 등위 접속사
- ☑ 선택의
- ☑ 단어와 단어, 문장과 문장, 구와 구를 연결

**Do you want a red one _or_
a blue one?**
당신은 빨간 것을 원해요 아니면 파란 것을 원해요?

**You'd better do your homework,
_or_ you'll get a terrible grade.**
당신은 숙제를 하는 게 좋을 거예요.
그렇지 않으면 끔찍한 점수를 받을 거예요.

**Who will go to the party
with you, Paula _or_ me?**
Paula와 나 중에서 누가 당신과 함께
파티에 갈까요?

101 or else 만일 ~가 아니면, 만약 그렇지 않으면

☑ 만일 ~가 아니면, 만약 그렇지 않으면
☑ 등위 접속사
☑ 일어날 가능성이 있는 다른 일을 선택이니 추천
☑ 두 문장을 하나의 문장으로 연결하기 위해 첫 문장 뒤에(,)를 넣음

짧은 문장 **,** or else 짧은 문장 **.**

Behave yourself, *or else* you'll be expelled.
행동을 조심하지 않으면 퇴학을 당할 거예요.

I should really be going now, *or else* I'll be late for my appointment.
나는 지금 가지 않으면 약속에 늦을 거예요.

Place this file somewhere safe, *or else* you might lose it.
이 문서를 어디 안전한 곳에 두지 않으면 잃어버릴 수도 있을 거예요.

334

(102) otherwise
만약 그렇지 않으면

☑ 만약 그렇지 않으면, 다른 방식으로, 달리

☑ 접속부사

☑ 일어날 가능성이 있는 다른 일을 선택이나 추천

📑 첫 번째 용법

나눠진 두 문장을 연결할 때, 두 문장 모두 마침표를 사용합니다. otherwise의 뒤에는 쉼표(,)를 넣고 두 번째 문장을 배치합니다.

첫 번째 문장 .   Otherwise⟨,⟩   두 번째 문장 .

The weather is very bad right now. _Otherwise_, she'd be running in the park.
지금 날씨가 매우 나빠요. 그렇지 않았다면 그녀는 공원을 뛰었을 거예요.

📝 두 번째 용법

두 개의 짧은 문장을 하나의 문장으로 만들기 위해 otherwis를 문장의 가운데 두고 세미콜론(;)을 찍고 뒤에 쉼표(,)를 넣습니다.

첫 번째 문장 **(;)** otherwise **(,)** 두 번째 문장 **.**

Today is a holiday; _otherwise_, he is at work.
오늘이 휴일이 아니었다면
그는 출근할 거예요.

In ancient times, humans must learn to defend themselves; _otherwise_, they would be easily killed by others.
고대에 사람은 스스로를 지키는 법을
배워야 했어요. 그렇지 않으면 다른 사람에게
쉽게 죽임을 당했을 거예요.

103 either...or ~거나 ~거나

- ☑ ~거나 ~거나
- ☑ 상관 접속사
- ☑ 여러 개의 선택 가능한 대상을 서술
- ☑ 단어와 단어, 문장과 문장, 구와 구를 연결

I am fine with *either* Monday *or* Wednesday.
나는 월요일이나 수요일이나 괜찮아요.

You can have *either* apples *or* oranges.
당신은 사과나 오렌지를 가질 수 있어요.

Either the clerk *or* the secretary has the room keys.
직원이나 비서가 방의 열쇠를 가지고 있어요.

104 neither...nor
~와 ~모두 아닌~

☑ ~와 ~모두 아닌~

☑ 상관 접속사

☑ 모두 선택할 수 없는 두 가지 neither.. nor를
사용하는 문장은 부정문

☑ 단어와 단어, 문장과 문장, 구와 구를 연결

He can play _neither_ tennis _nor_ basketball.

그는 테니스와 농구 모두 못해요.

They enjoy _neither_ driking _nor_ gambling.

그는 음주와 도박 모두 즐기지 않아요.

Neither you _nor_ I will get off early today.

당신과 나 모두 오늘 일찍 퇴근할 수 없을 거예요.

105 so that / so
그러므로, ~를 위해서

- ☑ ~를 위해서, 그러므로
- ☑ 등위 접속사
- ☑ 인과의

| 주절 | **,** so | 두 번째 문장. |

| 주절 | so that | 두 번째 문장. |

so와 so that의 뜻에는 차이가 있지만 상황에 따라 바꿔 쓸 수 있어요.

- so : 그러므로, 그래서. 결과를 나타냄.
- so that : ~를 위해서. 목적을 나타냄.

This song has been very popular, *so* I downloaded it.
이 노래는 매우 인기가 많아서 나는 다운받을 거예요.

He worked harder for a raise *so that* he could buy a nice car.
그는 승진하기 위해서 일을 매우 열심히 해요.
그래야 멋진 자동차를 살 수 있으니까요.

She finished her work fast *so that* she could leave early.
그녀는 일찍 퇴근하기 위해서 일을 빨리 끝냈어요.

106 therefore 그러므로

☑ 그러므로, 그 결과
☑ 접속부사
☑ 인과의

첫 번째 용법

나눠진 두 문장을 연결할 때 두 문장 모두 마침표를 사용합니다. therefore의 뒤에는 쉼표(,)를 두고 뒤에 두 번째 문장을 배치합니다.

첫 번째 문장.   Therefore⟨,⟩   두 번째 문장.

He is very fat. _Therefore_, it is difficult for him to find nice clothes.
그는 매우 뚱뚱해서 그에게 잘 맞는 옷을 찾기가 힘들어요.

341

They love animals. *Therefore*, they have a dog, a cat and a rabbit.

그들은 동물을 매우 좋아해서
개와 고양이 그리고 토끼를 키워요.

두 개의 짧은 문장을 하나의 문장으로 만들기 위해 therefore를 문장의 가운데 두고 세미콜론(;)을 찍고 뒤에(,)를 넣습니다.

첫 번째 문장 **;** therefore **,** 두 번째 문장 **.**

She loves her boyfriend very much; *therefore*, she bought him a big birthday present.

그녀는 남자친구를 매우 사랑해서 아주 큰 생일선물을 샀어요.

107 because 왜냐하면

- ☑ 왜냐하면
- ☑ 종속 접속사
- ☑ 원인을 나타냄

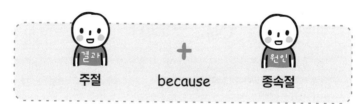

주절 + because + 종속절
결과   원인

Because + 종속절 , 주절
원인   결과

They stopped building the house _because_ it was raining.
그들은 비가 와서 집 짓는 걸 중단했어요.

I love dogs _because_ they are so cute.
나는 개가 너무 귀여워서 좋아해요.

Because she was ill, she didn't go to school.
그녀는 아파서 학교에 가지 않았어요.

108 unless ~하지 않으면

- ☑ ~하지 않으면, ~이 아닌 한
- ☑ 종속 접속사
- ☑ 인과를 나타냄. 원인이나 결과가 발생하는 조건을 나타냄

결과
주절
+
unless
+
원인/결과
종속절

Unless
+
원인/결과
종속절
,
+
결과
주절

Unless you ask her, you will never know.

그녀에게 물어보지 않으면 당신은 절대 모를 거예요.

You will not pass the exam _unless_ you get a score of 80 or higher.

당신은 80점 이상의 점수를 얻지 못하면 시험에 합격할 수 없을 거예요.

I will not tell you anything _unless_ you tell me what you know first.

당신이 아는 것을 먼저 말해주지 않으면 나는 아무것도 말하지 않을 거예요.

·연습문제 11-01·

알맞은 접속사를 골라보세요.

coordinating
conjunctions
등위 접속사

subordinating
conjunctions
종속 접속사

correlative
conjunctions
상관 접속사

conjunctive
adverb
접속부사

1. Keep quiet .... get out.
조용히 하거나 나가주세요.

2. .... he was very ill, he didn't take any medicine.
그의 병은 매우 심각하지만 어떠한 약도 먹지 않았어요.

3. Everybody likes him .... he is very nice ....
helpful.
그는 매우 착하고 잘 도와줘서 모든 사람들이 그를 좋아해요.

4. They said that the movie was fun, ... I watched
it.
사람들이 그 영화가 매우 재미있다고 해서 보러 갈 거예요.

5. I won the lottery. ...., I didn't buy any expensive things.

나는 복권에 당첨됐지만, 비싼 물건은 사지 않을 거예요.

6. My mom is from China; ...., I can't speak any Chinese.

우리 어머니는 중국에서 오셨지만 나는 중국어를 한마디도 할 줄 몰라요.

7. Don't do that .... I allow it.

내가 허락하기 전에는 그렇게 하지 말아요.

8. I didn't enroll in any courses this semester .... I plan to go backpacking in Europe.

나는 이번 학기에 유럽으로 배낭여행을 갈 계획이라 수강신청을 하지 않았어요.

9. She went to the shop .... she didn't buy anything.

그녀는 상점에 갔지만 아무것도 사지 않았어요.

10. I need to study hard .... I can pass the exam.

나는 시험에 합격하기 위해서 공부를 열심히 해야 해요.

11. .... my friend .... I are taking the photography class.

나와 내 친구는 사진 수업을 듣고 있어요.

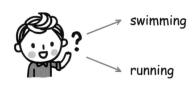

swimming

running

12. Do you want to go swimming .... running?

당신은 수영하러 가고 싶어요? 아니면 달리기를 하고 싶어요?

13. I studied grammar for a long time, ... I still make mistakes.

나는 문법을 오래 공부했지만 아직도 실수를 해요.

14. .... wood .... bricks can be used as homebuilding materials.

나무와 벽돌 모두 주택 건설의 재료로 사용할 수 있어요.

15. I wasn't feeling well this morning, ... I had to go to work.

나는 오늘 아침 몸이 좋지 않지만 일하러 가야 해요.

Answers

1. or	2. Although/Though	3. because, and
4. so	5. However/Nevertheless	6. nevertheless/however
7. unless	8. because	9. but
10. so that	11. Both, and	12. or
13. but/yet	14. Either, or	15. yet/but

PART
12

Question Sentences
의문문

의문문에는 어떤 유형이 있을까요?

영어에서 의문문은 아래 두 유형으로 나뉩니다.

1. 예/아니오 의문문(yes or no questions)은 예, 아니오로만 대답할 수 있습니다. 예를 들어볼게요.

Are you from Korea?
당신은 한국에서 왔어요?

Yes, I am.
예.

Is that Tony speaking?
Tony 인가요?

Yes, this is he.
예. 접니다.

351

2. W나 H로 시작하는 의문문은 영어의 What(무엇), When(언제), How (어떻게) 같은 의문사로 시작하는 형태입니다. 이런 의문사들은 모두 W나 H로 시작하기 때문에 WH questions라고 부릅니다. 이런 유형의 의문문은 예/아니오 의문문이 예와 아니오로만 대답하는 것과는 다르게 무엇을, 어떻게, 어디서, 언제처럼 훨씬 더 자세한 대답이 필요합니다.

What is your name?
이름이 뭐예요?

My name is Billy.
내 이름은 Billy예요.

Where are you from?
어디에서 왔어요?

I am from England.
나는 잉글랜드에서 왔어요.

영어의 의문문의 끝에는 반드시 물음표(question mark)가 와야 돼요. 그리고 일반적으로 문장의 끝을 올려서 읽습니다. 예/아니오 의문문에서 특히 더 주의해서 읽습니다.

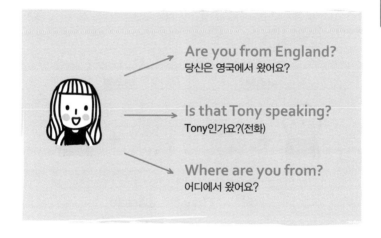

Are you from England?
당신은 영국에서 왔어요?

Is that Tony speaking?
Tony인가요?(전화)

Where are you from?
어디에서 왔어요?

110 예/아니오 의문문으로 문장 구성하기

예/아니오 의문문으로 문장을 구성하는 규칙은 비교적 간단합니다. 예를 들어 볼게요.

1. 문장에 be 동사(is, am, are, was, were)를 써서 의문문 형식으로 만들려면 be 동사와 주어의 자리를 바꾸고 다른 부분은 그대로 두며 문장 마지막에 물음표(?)를 넣어줍니다.

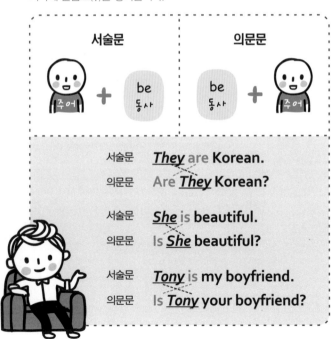

서술문	의문문
주어 + be 동사	be 동사 + 주어

서술문   *They* are Korean.
의문문   Are *They* Korean?

서술문   *She* is beautiful.
의문문   Is *She* beautiful?

서술문   *Tony* is my boyfriend.
의문문   Is *Tony* your boyfriend?

2. 문장에 조동사와 정동사가 있는 경우 조동사를 문장 처음에 두고 다른 부분은 그대로 두며 문장 마지막에 물음표(?)를 넣어줍니다.

조동사 ╋ 주어 ╋ 정동사 ╋ ?

서술문   _**We**_ are going to market.
의문문   Are _**we**_ going to market?

서술문   _**She**_ has done her report.
의문문   Has _**she**_ done her report?

서술문   _**He**_ will visit Paris.
의문문   Will _**he**_ visit Paris?

3. 일반동사만 있는 문장을 의문문으로 만들 경우, 조동사를 넣어서 문장을 만들고 현재형일 경우 바로 do나 does를 사용합니다.

문장의 주어가
I, You, We, They
혹은 복수명사 ⟶ do

문장의 주어가
He, She, It
혹은 단수명사 ⟶ does

서술문 **_They_ like apples.**

의문문 **Do _they_ like apples?**

서술문 **_She_ swims every morning.**

의문문 **Does _she_ swim every morning?**

(원래 swims는 주어가 She이기 때문에 s를 붙임. 하지만 의문문에서는 조동사 Does를 사용했기 때문에 정동사는 원형을 유지하며 s나 es를 붙이지 않음)

| 서술문 | *I* hate **snakes.** |
| 의문문 | **Do _you_** hate **snakes?** |

| 서술문 | **_Kate_** reads **a lot.** |
| 의문문 | **Does _Kate_** read **a lot?** |

과거형 문장의 경우 주어가 단수명사든 복수명사든 반드시 조동사 did로 문장을 형성함. 중요한 것은 did를 사용한 후 문장의 동사는 원형을 유지하며 형태를 변경하지 않음(ed나 과거형 동사를 사용하지 않음)

📝 과거형의 문장

| 서술문 | **_She_** wrote **many essays.** |
| 의문문 | **Did _she_** write **many essays?**
(동사원형) |

| 서술문 | **_They_** played **football yesterday.** |
| 의문문 | **Did _they_** play **football yesterday?**
(동사원형) |

| 서술문 | **_He_** travelled **all around the country.** |
| 의문문 | **Did _he_** travel **all around the country?**
(동사원형) |

111 대답이 예/아니오인 문장의 형식

대답이 예/아니오인 유형의 문장은 두 가지 형식이 있는데, 대답이 긴 유형, 짧은 유형으로 나뉩니다.

- 긴 형식 : 전체 문장을 다시 한 번 말합니다.
- 짧은 형식 : 예 혹은 아니오로만 대답합니다. 일상생활에서 주로 쓰는 것은 짧은 유형입니다.

- -

> **Is she from England?**
> 그녀는 잉글랜드에서 왔어요?

📝 긴 형식

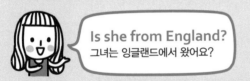

예, 그녀는 잉글랜드에서 왔어요.

Yes, she is *from England*.

Yes, + 주어 + be 동사 + 문장의 나머지 부분 아니오, 그녀는 잉글랜드에서 오지 않았어요.

_**No**_, she is not _**from England**_.

No, + 주어 + be 동사 + not + 문장의 나머지 부분

Memo

be 동사는 동사의 한 종류이지만 그 자체로 의문문이나
부정문을 만드는 동사예요.

📝 짧은 형식

예.

**Yes**, she is

Yes, + 주어 + be 동사

아니오.

No, she is not./ No, she isn't.

No, + 주어 + be 동사 + not.

Do you exercise a lot?
운동을 많이 해요?

긴 형식

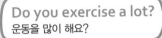

예. 운동을 많이 해요.

Yes, I exercise *a lot*.

Yes, + 주어 + 동사 + 문장의 나머지 부분

아니오, 운동을 많이 하지 않아요.
No, I do not exercise *a lot*. / No, I don't exercise *a lot*.

No, + 주어 + do/does + not + 문장의 나머지 부분

짧은 형식

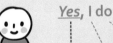

예. 그래요.

Yes, I do

Yes, + 주어 + do/does

아니오. 그렇지 않아요.

No, I do not./No, I don't.

No, + 주어 + do/does + not.

Are they Korean?
그들은 한국인이에요?

긴 형식

Yes, they are Korean.
예, 그들은 한국인이에요.

No, they are not Korean.
아니오, 그들은 한국인이 아니에요.

짧은 형식

Yes, they are.
예. 그래요.

No, they are not.
아니오. 그렇지 않아요.

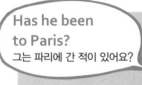

Has he been to Paris?
그는 파리에 간 적이 있어요?

긴 형식

Yes, he has been to Paris.
예. 그는 파리에 간 적이 있어요.

No, he has not been to Paris.
아니오, 그는 파리에 간 적이 없어요.

짧은 형식

Yes, he has.
예. 그래요.

No, he hasn't.
아니오. 그렇지 않아요.

Did they play football yesterday?
그들은 어제 축구 했어요?

긴 형식

Yes, they played football yesterday.
예. 그들은 어제 축구 했어요.

No, they did not play football yesterday.
아니오, 그들은 어제 축구를 하지 않았어요.

짧은 형식

Yes, they did.
예. 그래요.

No, they did not.
아니오. 그렇지 않아요.

아래의 서술문을 예/아니오 형식의
의문문으로 만들어보세요.

yes-no
questions

1. He loves this house.
   그는 이 집을 좋아해요.

   의문문 _Does he love this house?_

2. They like soccer.
   그들은 축구를 좋아해요.

   의문문 ....

3. She can drive a van.
   그녀는 밴을 몰 수 있어요.

   의문문 ....

4. He is nice.
   그는 친절해요.

   의문문 ....

5. They went to the movies.
   그들은 영화를 보러 갔어요.

   의문문 ....

6. **She was born in this town.**
   그녀는 이 도시에서 태어났어요.

   의문문 ....

7. **He decided to quit.**
   그는 그만두기로 결정했어요.

   의문문 ....

8. **She wakes up early.**
   그녀는 일찍 일어났어요.

   의문문 ....

Answers

1. Does he love this house?
2. Do they like soccer?
3. Can she drive a van?
4. Is he nice?
5. Did they go to the movies?
6. Was she born in this town?
7. Did he decide to quit?
8. Does she wake up early?

112 WH 의문문

WH 의문문 형식으로 문장을 구성하는 방법은 예/아니오 의문문과 비슷합니다.
WH 의문사를 문장의 맨 앞에 위치하기만 하면 됩니다. 자주 쓰는 WH 의문사
로는 이런 것들이 있습니다.

1. 알아보려는 대상이 주어인 문장의 경우 '누가 했어요?'처럼 '누가'에 해당하는 의문사(question words)를 문장 맨 앞에 둡니다.

서술문 Billy _writes_ good reports.
Billy는 보고서를 굉장히 잘 써요.

의문문 Who _writes_ good reports?
누가 보고서를 잘 쓰나요?

서술문 Mom _baked_ this cake.
어머니가 이 케이크를 만드셨어요.

의문문 Who _baked_ this cake?
누가 이 케이크를 만들었어요?

2. '뭘 했어요?, 어디서 했어요?, 언제 했어요?'와 같이 활동의 자세한 묘사를 알
   아볼 때는 이렇게 씁니다.

   (1) 일반동사와 조동사가 있는 문장의 경우 의문사를 맨 앞에 두고 조동
      사를 주어 앞에 둠

WH word + 조동사 + 주어

서술문 *We* are **going to the market.**
        우리는 시장에 가고 있어요.

의문문 Where are *we* going?
        우리는 어디로 가고 있어요?

서술문 *She* was **working on her report last night.**
        그녀는 어젯밤에 보고서를 썼어요.

의문문 When was *she* working on her report?
        그녀는 언제 보고서를 썼어요?

(2) be 동사가 있는 문장의 경우 WH 의문문을 만들 때 반드시 의문사를
문장 맨 앞에 두고 be 동사를 주어 앞에 둡니다.

 WH word + **be 동사** + **주어**

서술문   <u>*He*</u> is **from France.**
그는 프랑스에서 왔어요.

의문문   Where is <u>*he*</u> from?
그는 어디서 왔어요?

서술문   <u>*The football game*</u> was **fun.**
축구 경기는 재미있어요.

의문문   How was <u>*the football game*</u>?
축구 경기는 어땠어요?

(3) 일반동사만 있는 문장의 경우 반드시 do, does 혹은 did로 문장을 형성합니다. 의문사를 문장 맨 앞에 두고 뒤에 do, does 혹은 did를 놓은 후 주어를 둡니다.

 WH word + do, does, did + 주어

서술문 **_She_ wakes up late.**
그녀는 늦게 일어나요.

의문문 **When does _she_ wake up?**
그녀는 언제 일어나요?

서술문 **_They_ go to the movies.**
그들은 영화를 보러 가요.

의문문 **Where do _they_ go?**
그들은 어디 가요?

1. **They went to Tokyo.**
   그들은 도쿄로 갔어요.

   where did they go?

2. **He writes novels.**
   그는 소설을 씁니다.

3. **Billy likes soccer.**
   Billy는 축구를 좋아해요.

4. **The girls watched a series.**
   여자아이들은 드라마를 보았어요.

5. **He found the answers.**
   그는 답을 찾았어요.

Answers

1. Where did they go?
2. What does he write?
3. Who likes soccer?
4. What did the girls watch?
5. What did he find?

113 WH 의문문의 사용

이번에는 각각의 WH 의문문은 어떻게 쓰는지 알아봅니다. 예를 들어볼게요.

What
'무엇'인지 물어볼 때

What is your name?
이름이 뭐예요?

I am Paula.
나는 Paula예요.

question
질문

reply
대답

What do you do?
무슨 일해요?

I am an engineer.
나는 엔지니어예요.

When
'언제'인지 물어볼 때

When do you go to work?
언제 일하러 가요?

At 8 a.m.
아침 8시예요.

When will he come?
그는 언제 올까요?

Tomorrow morning.
내일 아침예요.

Where
'어디'인지 물어볼 때

Where do you live?
어디 살아요?

I live in Seoul.
서울에 살고 있어요.

Where are you going?
어디 가요?

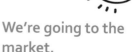

We're going to the market.
우리는 시장에 가고 있어요.

373

Who

'누구'인지 물어볼 때

의문사가 주어 자리에서 의문문의 목적어인 '누구'의 역할을 합니다.

Who is that?
누구예요?

That's Sam.
Sam이에요.

Who is speaking?
누구세요?

Kate is speaking.
Kate예요.

Who are you talking to?
누구랑 얘기하고 있어요?

I am talking to Sam.
Sam과 얘기하고 있어요.

Why
'왜'인지 물어볼 때
(이유를 물어볼 때)

Why do you come here?
여기 왜 왔어요?

I want to see Tony.
Tony를 보러 왔어요.

Why do you sleep late?
왜 늦게 자요?

I have many reports to finish.
끝내야 할 보고서가 많아요.

How
'어떻게'인지 물어볼 때

How do you go there?
거기 어떻게 가요?

By bus.
버스로 가요.

How did she make this dress?
그녀는 이 드레스를 어떻게 만들었어요?

She cut and sewed it by herself.
그녀가 직접 자르고 바느질해서 만들었어요.

376

Which
'어느 것'인지 물어볼 때

Which one is your car?
어느 것이 당신의 차예요?

The red one.
빨간 거요.

Which book do you prefer?
어떤 책을 더 선호해요?

I prefer the book published by
ABC publishing company.
ABC 출판사에서 출판한 책을 좋아합니다.

Whose
'누구의 것'인지 물어볼 때

Whose computer is this?
이 컴퓨터는 누구 거예요?

Whose gorgeous car is that?
저 멋진 차는 누구 거예요?

It's Tony's.
Tony 거예요.

I don't know.
몰라요.

Whom
'누구'인지 물어볼 때
(문장에서 목적어를 물어볼 때)

Whom will you meet?
누구를 만나요?

Whom did you talk to yesterday?
어제 누구와 이야기했어요?

My customer.
나의 고객이요.

I talked to the manager.
매니저와 이야기했어요.

What kind
'어떤 종류',
'어떤 유형'인지 물어볼 때

What kind of books do you like?
어떤 분야의 책을 좋아해요?

I like fantasy novels.
나는 판타지 소설을 좋아해요.

What kind of music do you like?
어떤 종류의 음악을 좋아해요?

Pop songs.
대중가요요.

What time
'어떤 시간',
'몇 시'인지 물어볼 때

What time is it?
몇 시예요?

It's 10:15.
10시 15분이에요.

What time do you leave home?
몇 시에 집에서 나왔어요?

I leave home at 8 a.m.
나는 오전 8시에 나왔어요.

379

How many
**가산명사의 개수를
물어볼 때**

How many children do you have?
자녀가 몇 명 있어요?

I have 3 children.
세 명의 아이가 있어요.

How many cars does Tony have?
Tony는 차를 몇 대 가지고 있어요?

He has 2 cars.
그는 두 대 있어요.

Memo

How many의 의문문은 반드시 가산명사의 복수형으로만
문장을 구성해야 합니다.

How much
**불가산명사의 양을
물어볼 때**

How much + 불가산명사
How much + 상품의 가격

How much time have we got?
우리에게 시간이 얼마나 있어요?

15 minutes.
15분이요.

How much is this pen?
이 펜은 얼마예요?

3 dollars.
3달러예요.

How much are they altogether?
모두해서 얼마예요?

155 dollars.
155달러예요.

How long
'얼마나 오래'인지 물어볼 때

How long did you stay in Japan?
일본에 얼마나 오래 있었어요?

For 3 days.
3일이요.

How long have we been driving?
우리 얼마나 오래 운전했어요?

For 12 hours.
12시간이요.

How far
'얼마나 먼지' 물어볼 때

**How far** is your school?
학교까지 얼마나 멀어요?

It's one mile from here.
여기서 1마일이요.

**How far** is your office from here?
여기서 사무실까지 얼마나 멀어요?

About 10 kilometers.
10킬로미터 정도요.

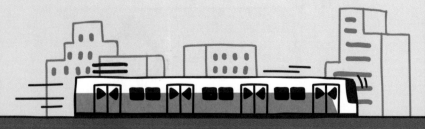

How old
**'몇 살', '얼마나 오래된 것'
인지 물어볼 때**

How old are you?

몇 살이에요?

20 years old.

스무 살이요.

How old is Mary?

Mary는 몇 살이에요?

She is 18 years old.

그녀는 열여덟 살이에요.

How old is this building?

이 빌딩은 얼마나 오래된 거예요?

It is 50 years old.

50년 되었어요.

385

How come
'원인'을 물어볼 때

How come의 뒤에는 일반 의문문과는 다르게 일반적인 서술문(주어 + 동사)의
형태로 문장을 마무리합니다.

How come + 주어 + 동사

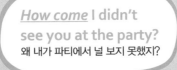

How come I didn't
see you at the party?
왜 내가 파티에서 널 보지 못했지?

I was sick so I couldn't
come.
나는 아파서 못 갔어.

연습문제 12-03

밑줄에 들어갈 올바른 WH 의문사를
고르세요.

Where? Who? How?

1. ....Where........ do you live?
   어디 살아요?

2. .... are they?
   그들은 누구에요?

3. .... do you go to school?
   학교에 어떻게 가요?

4. .... does the restaurant open?
   식당은 언제 열어요?

5. .... are you wearing a raincoat?
   왜 우비를 입었어요?

Answers

1. Where	2. Who	3. How	4. When	5. Why

Negations
부정문

not을 통해 만들어진 부정문

일반적인 서술문을 부정문으로 만들 때, be 동사(is, am, are, was, were)나 조동사가 있는 문장은 be 동사나 조동사 뒤에 not만 더해주면 됩니다.

	서술문	부정문

I *am* a doctor.
나는 의사예요.

I *am not* a doctor.
나는 의사가 아니에요.

He *is* sleepy.
그는 졸려요.

He *is not* sleepy.
그는 졸리지 않아요.

We *are* here.
우리는 여기 있어요.

We *are not* here.
우리는 여기 있지 않아요.

She *can* drive.
그녀는 운전을 할 줄
알아요.

She *cannot* drive.
그녀는 운전을 할 줄 몰라요.

You *should*
get out.
당신은 나가야 해요.

You *should not*
get out.
당신은 나갈 필요가 없어요.

I *will* do it
myself.
나 혼자서 할 거예요.

I *will not* do it
myself.
나 혼자서 하지 않을 거예요.

115 조동사 do를 통해 만들어진 부정문

일반동사가 있는 서술문을 부정문으로 만들 때 조동사 do로 문장을 형성하고 not을 do의 뒤에 더해주면 됩니다.

📝 현재형의 문장

I, You, We, They,
복수명사
+ do + not + 일반동사

He, She, It,
단수명사
+ does + not + 일반동사

문장에 does를 사용하면 s나 es를 붙인 동사를 원래 모습으로 바꿔줘야 합니다. s나 es를 붙일 필요가 없습니다.

He *eats* bread everyday.
그는 매일 빵을 먹어요.

 He *does not* eat bread everyday.
그는 빵을 매일 먹지는 않아요.

 She *walks* to the station.
그녀는 기차역에 걸어서 가요.

 She *does not* walk to the station.
그녀는 기차역에 걸어가지 않아요.

 I *sing* very well.
나는 노래를 잘 해요.

 I *do not* sing very well.
나는 노래를 잘 못해요.

 They *drive* fast.
그들은 차를 빨리 몰아요.

 They *do not* drive fast.
그들은 차를 빨리 몰지 않아요.

📝 과거형 문장

주어 **+** did **+** not **+** 일반동사

문장에 did를 사용하면 과거형으로 바꿔줬던 동사를 원래 형태로 바꿔줘야 합니다.

서술문
They *played* soccer yesterday.
그들은 어제 축구를 했어요.

부정문
They *did not play* soccer yesterday.
그들은 어제 축구를 하지 않았어요.

서술문
They *finished* their report.
그들은 보고서를 끝냈어요.

부정문
They *did not finish* their report.
그들은 보고서를 끝내지 못했어요.

서술문
I *dropped* Tony at home.
나는 Tony를 집에 데려다 줬어요.

부정문
I *did not drop* Tony at home.
나는 Tony를 집에 데려다주지 않았어요.

서술문
She *went* shopping.
그녀는 쇼핑을 갔어요.

부정문
She *did not go* shopping.
그녀는 쇼핑을 가지 않았어요.

116 부정문의 줄여 쓰기

not을 문장에 사용하는 방법은 두 가지가 있습니다. 원형과 축약형입니다. 예를 들어볼게요.

원형	부정형의 원형	부정형의 축약형
am	**am not**	am not의 축약형은 없음. I am not이라고 힐 경우 I'm not.
is	**is not**	주로 is 부분을 축약. 예 : He's not.
are	**are not**	주로 are 부분을 축약. 예 : You're not.
was	**was not**	wasn't
were	**were not**	weren't
has	**has not**	hasn't
have	**have not**	haven't
had	**had not**	hadn't

원형	부정형의 원형	부정형의 축약형
do	do not	don't
does	does not	doesn't
did	did not	didn't
can	cannot	can't
could	could not	couldn't
will	will not	won't
would	would not	wouldn't
should	should not	shouldn't
may	may not	-
might	might not	-
must	must not	mustn't

Memo

have는 일반동사와 조동사 모두 될 수 있어요.

I _have_ a car.
나는 차가 있어요.
(have는 문장에서 일반동사로 쓰임)

I _do not_ have a car.
나는 차가 없어요.

have를 일반동사로 쓰면 반드시 동사 do로 부정문을 만들어야 해요.

I _have_ bought a car.
나는 차를 샀어요.
(have는 문장에서 조동사로 쓰임)

I have _not_ bought a car.
나는 차를 사지 않았어요.

have를 조동사로 쓰면 not을 have 뒤에 바로 쓸 수 있어요.

PART 13 부정문

117 부정사를 통해 만들어진 부정문

not을 사용하는 것 이외에 단어 자체에 부정의 의미를 가지고 있는 단어들이 있습니다. 이런 단어를 문장에 사용하면 문장은 바로 부정문이 됩니다. 자주 쓰는 것들로 예를 들어볼게요.

never
한번도 ~않다, 일찍이 ~없다, 결코 ~않다

I *never* go skiing.
나는 여태껏 스키를 타본 적이 없어요.

She *never* knows my secret.
그녀는 나의 비밀을 결코 알지 못해요.

Never say never.
'결코'라고 절대 말하지 말아요.
(불가능은 없다고 말하지 말라는 뜻이에요.)

398

hardly
거의... 아니다

I *hardly* use my phone.
나는 전화를 거의 쓰지 않아요.

He *hardly* comes here.
그는 여기 거의 오지 않아요.

rarely
좀처럼 ~하지 않는

We *rarely* see them.
우리는 그들을 좀처럼 만나지 않아요.

Our family *rarely* eats outside.
우리 가족은 좀처럼 외식하지 않아요.

seldom
거의 ~않는

I *seldom* call Tony.
나는 거의 Tony에게 전화하지 않아요.

Paula *seldom* goes to places with her husband.
Paula는 거의 남편과 외출하지 않아요.

neither... nor
~도 ~도 아니다,
~도 또한 아니다

She enjoys *neither* shopping *nor* dancing.
그녀는 쇼핑과 춤추기를 모두 즐기지 않아요.

Neither you *nor* I can play the piano.
당신과 나 모두 피아노를 칠 줄 몰라요.

연습문제 13-01

아래 문장을 부정형으로 바꿔 문장을
완성해보세요.

1. **They** (are) ....aren't.... volunteers.
   그들은 지원자가 아니에요.

2. **He** (will) .... go to Seoul.
   그는 서울에 갈 수 없어요.

3. **Mary** (like).................. singing and dancing.
   Mary는 춤과 노래를 좋아하지 않아요.

4. **You** (run) .... marathons.
   당신은 마라톤을 하지 않아요.

5. **I** (look) .... sleepy.
   나는 졸려 보이지 않아요.

6. **Tony** (speak) .... **French.**

   Tony는 프랑스어를 할 줄 몰라요.

7. .... **my friend** .... **I like Maths.**

   나와 내 친구는 수학을 좋아하지 않아요.

8. **We** .... **go camping.**

   우리는 캠핑을 가본 적이 없어요.

9. **Kate** .... **drinks alcohol.**

   Kate는 좀처럼 술을 마시지 않아요.

10. **We** .... **talk to him.**

    우리는 거의 그와 이야기하지 않아요.

Answers

1. are not / aren't
2. will not / won't
3. does not like / doesn't like
4. do not run / don't run
5. do not look / don't look

6. cannot speak / can't speak
7. Neither, nor
8. never
9. hardly / rarely
10. seldom

Tag Questions
부가의문문

118 부가의문문이란 무엇인가요?

부가의문문(tag question)은 알고 있거나 확실하지만 상대방의 동의를 구하거나가 불확실한 것을 상대방에게 확인하고 싶을 때 사용합니다.

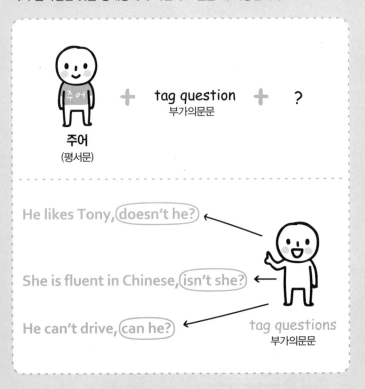

He likes Tony, doesn't he?

She is fluent in Chinese, isn't she?

He can't drive, can he?

tag questions
부가의문문

부가의문문의 구조는 아래와 같습니다.

평서문 + 맨 뒤에 오는 부가의문문 부분

부가의문문의 장점은 의문문은 아니면서 일반적인 의문문을 사용할 때와 마찬가지로 대답을 필요로 한다는 거예요. 부가의문문은 반복해서 확인해 안심을 하게 하거나 앞에서 말한 사항을 강조하는 용법으로 사용합니다.

He likes Tony,
doesn't he?
그는 Tony를 좋아해요. 그렇죠?

She is fluent in Chinese,
isn't she?
그녀는 중국어를 매우 유창하게 해요. 맞지요?

Chinese

He can't drive,
can he?
그는 운전을 할 줄 몰라요. 맞죠?

부가의문문 문장의 구성 방식

부가의문문 문장의 구성을 배우기 전에 반드시 알아야 할 것이 있습니다.

1. 부가의문문이 있는 문장은 쉼표를 통해 두 부분으로 나눕니다. 첫 번째 부분은 평서문(생각을 나타냄), 두 번째 부분은 부가의문문입니다.

2. 뒤에 부가의문문이 있는 부분에는 조동사(긍정이나 부정)와 대명사만 올 수 있으며 뒤에 물음표 ?를 붙여줘요.

이 두 가지를 알았다면 부가의문문을 만들어볼 수 있을 거예요.

1. 평서문이 긍정문인지 부정문인지 확인하기

평서문이 긍정문이라면, 부가의문문은 반드시 부정문이어야 함.
평서문이 부정문이라면, 부가의문문은 반드시 긍정문이어야 함.
이 원칙대로 바꾸면 됩니다.

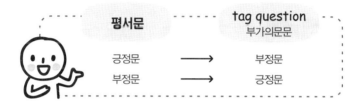

2. 평서문이 현재형인지 과거형인지 혹은 미래형인지 확인하기

평서문이 현재형이라면 부가의문문은 반드시 현재형이어야 함.
평서문이 과거형이라면 부가의문문은 반드시 과거형이어야 함.
평서문이 미래형이라면 부가의문문은 반드시 미래형이어야 함.

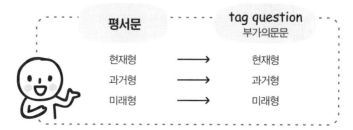

He is excellent at English.
그는 영어를 매우 잘 해요.
(긍정문-현재형)

She writes good reports.
그녀는 보고서를 잘 써요.
(긍정문-현재형)

Tony can drive.
Tony는 운전을 할 줄 알아요.
(긍정문-현재형)

We will go to London next month.
우리는 다음 달에 런던에 갈 거예요.
(긍정문-미래형)

They slept early.
그들은 일찍 잠들었어요.
(긍정문-과거형)

Kate doesn't work in a hospital.
Kate는 병원에서 일하지 않아요.
(부정문-현재형)

You shouldn't sleep late.
너는 늦게 자면 안 돼요.
(부정문-현재형)

3. 평서문의 동사를 확인하기

be 동사일 경우 부가의문문에도 be 동사를 사용.

동사	tag question 부가의문문
be 동사 →	be 동사

will, can, could 등의 조동사라면 부가의문문에도 조동사를 사용.

동사	tag question 부가의문문
조동사 →	조동사

일반동사일 경우 부가의문문에 do, does, did를 사용.

동사	tag question 부가의문문
일반동사 →	do, does, did

He *is* excellent at English.
부가의문문 : 동사가 is이기 때문에 is의 부정형인 isn't를 사용해야 함.

She *writes* good reports.
부가의문문 : 일반동사 writes만 있기 때문에 does의 부정형인 doesn't를 사용해야 함(She가 주어).

Tony *can* drive.
부가의문문 : 조동사 can이 있기 때문에 can의 부정형인 can't를 사용해야 함.

We *will* go to London next month.
부가의문문 : 조동사 will이 있기 때문에 will의 부정형인 won't를 사용해야 함.

They *slept* early.
부가의문문 : 일반동사 slept만 있기 때문에 did의 부정형인 didn't를 사용해야 함.

Kate *doesn't* work in a hospital.
부가의문문 : doesn't가 있기 때문에 does를 사용해야 함.

You *shouldn't* sleep late.
부가의문문 : shouldn't가 있기 때문에 should를 사용해야 함.

4. 문장의 주어가 무엇인지 확인하기

주어가 대명사일 경우 부가의문문에도 바로 대명사를 사용합니다. 하지만 주어가 명사일 경우 단수명사인지 복수명사인지, 사람인지 동물인지 혹은 사물인지 확인하여 알맞은 대명사를 사용해서 부가의문문을 만들어야 합니다.

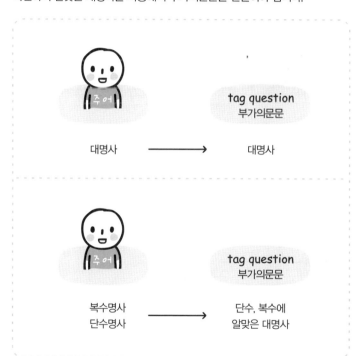

주어 → tag question 부가의문문

대명사 → 대명사

복수명사 단수명사 → 단수, 복수에 알맞은 대명사

He is excellent at English.
부가의문문 : 주어가 대명사 he이므로 그대로 사용함.

She writes good reports.
부가의문문 : 주어가 대명사 she이므로 그대로 사용함.

Tony can drive.
부가의문문 : 주어가 명사 Tony이므로 대명사 he를
사용해야 함.

We will go to London next month.
부가의문문 : 주어가 대명사 we이므로 그대로 사용함.

They slept early.
부가의문문 : 주어가 대명사 they이므로 그대로 사용함.

Kate doesn't work in a hospital.
부가의문문 : 주어가 명사 Kate이므로 대명사 she를
사용해야 함.

You shouldn't sleep late.
부가의문문 : 주어가 대명사 you이므로 그대로 사용함.

5. 평서문이 긍정문일 경우 부가의문문은 부정문의 원형이 아닌 축약형을 사용하며, 평서문 뒤에 쉼표(.)를 붙입니다. 부가의문문 뒤에는 물음표(?)를 붙여야 합니다.

(긍정문) + ... n't (부가의문문(부정문의 축약형)) + ?

— He is excellent at English, _isn't_ he?

— She writes good reports, _doesn't_ she?

— Tony can drive, _can't_ he?

— We will go to London next month, _won't_ we?

— They slept early, _didn't_ they?

— Kate doesn't work in a hospital, _does_ she?

— You shouldn't sleep late, _should_ you?

question tags

빈칸에 알맞은 부가의문문을 쓰세요.

1. They are working on the project, *aren't they*?

2. It wasn't my fault, ...?

3. She doesn't like him, ...?

4. They finished work at 7 o'clock, ...?

5. We've done our job, ...?

6. You should apologize for what you've done, ...?

7. I can't leave her alone, ...?

8. Billy got what he wanted, ...?

9. It won't be hard for you, ...?

10. The shop didn't open at 8 a.m., ...?

Answers

1. aren't they	2. was it	3. does she	4. didn't they
5. haven't we	6. shouldn't you	7. can I	8. didn't he
9. will it	10. did it		

부가의문문 문장에 대답하기

부가의문문이 들어있는 문장은 평서문과 부가의문문 부분의 말이 상반되기 때문에 대답할 때 혼란스러울 수 있습니다. 어떻게 대답해야 할까요?

부가의문문에 대답할 때는 평서문 부분의 말만 확인하면 됩니다. 문장에서 서술하는 게 맞다면 대답은 예, 아니라면 아니오라고 하면 됩니다. 부가의문문 부분은 신경 쓸 필요가 없어요!

He is excellent at English, isn't he?
그는 영어를 매우 잘 해요 부분만 주의하면 됨.

He is excellent at English.
그는 영어를 매우 잘해요.

Yes, he is.
맞아요.

No, he isn't.
아니에요.

Tony can drive, can't he?

Tony는 운전을 할 줄 알아요 부분만 주의하면 됨.

Tony can drive.
Tony는 운전을 할 줄 알아요.

Yes, he can.
할 줄 알아요.

No, he cannot.
할 줄 몰라요.

**Kate doesn't work in a hospital**, does she?
Kate는 병원에서 일하지 않아요 부부만 주의하면 될.

> Kate doesn't work
> in a hospital.
> Kate는 병원에서 일하지 않아요.

Yes, she does
Kate는 병원에서 일해요.

No, she does not.
Kate는 병원에서 일하지 않아요.

짧게 대답하는 게 헷갈린다면 긴 문장으로 답해서 대답을 조금 더 자세하게 하는 방법도 있어요.

Kate는 병원에서 일한다고 대답할 때 :

Yes, she works in a hospital.

Kate는 병원에서 일하지 않는다고 대답할 때 :

No, she doesn't work in a hospital.

417

You shouldn't sleep late, should you?
늦게 자면 안 돼 부분만 주의하면 됨.

You shouldn't sleep late.
늦게 자면 안 돼.

Yes, I should.
늦게 자도 돼.

No, I shouldn't.
늦게 자면 안 돼.

짧게 대답하는 게 헷갈린다면 긴 문장으로 대답해요!

늦게 자도 돼라고 대답하려면 :

Yes, I should sleep late.

늦게 자면 안 돼라고 대답하려면 :

No, I shouldn't sleep late.

특별한 부가의문문

일반 형식의 부가의문문 이외에 형식이 조금 다른 부가의문문들도 있어요.

tags question
부가의문문

1. 평서문은 예/아니오 형식이지만 not을 사용하지 않고 never, hardly, seldom 처럼 부정의 의미를 가지고 있는 단어를 쓴 문장은 부정문입니다. 따라서 부가 의문문 부분에서는 긍정문을 사용합니다.

not을
사용하지 않은 부정문
+
tag question
부가의문문
(긍정문)
+
?

이 문장들은 부정문이기 때문에 부가의문문에서는 반드시 긍정문을 사용해야 해요.

He never drops me at home.
그는 나를 집에 데려다 준 적이 없어요.

부가의문문
He never drops me at home, *does he*?

She rarely shops online.
그녀는 온라인 쇼핑을 거의 하지 않아요.

부가의문문
She rarely shops online, *does she*?

They seldom eat outside.
그들은 외식을 거의 하지 않아요.

부가의문문
They seldom eat outside, *do they*?

2. 명령문 뒤에 부가의문문을 사용하는 목적은 명령의 강도를 낮추는 동시에 조금 더 예의있는 느낌을 주기 위함입니다. 만약 평서문이 명령문이라면 부가의문문은 아래의 네 가지 중 한 가지를 사용합니다.

will you?
won't you?
would you?
could you?

won't you?는 비교적 예의를 차리지 않고, 상대방이 요청에 응하지 않아도 상관없다는 뜻을 가지고 있습니다.

Keep quiet, *will you*?
조용히 좀 해줄래?

Keep quite, *won't you*?
조용히 좀 해줄래?

Keep quiet!
조용히 해!

Keep quite, *would you*?
조용히 좀 해줄래?

Keep quite, *could you*?
조용히 좀 해줄래?

Walk quickly, *will you*?
빨리 좀 걸어줄래?

Walk quickly, *won't you*?
빨리 좀 걸어줄래?

Walk quickly!
빨리 좀 걸어!

Walk quickly, *would you*?
빨리 좀 걸어줄래?

Walk quickly, *could you*?
빨리 좀 걸어줄래?

3. 요청의 의미를 표현하는 부가의문문의 경우는 요청을 강조하고 상대방
의 동의를 구하는 목적을 가지고 있기 때문에 부가의문문에서 shall we?
를 사용해요.

Let's go to see a movie.
영화 보러 가자.

Let's go to see a movie,
shall we?
같이 영화 보러 갈래?

Let's have something.
밥 먹자.

Let's have something,
shall we?
밥 먹는 게 어때?

Let's go shopping.
쇼핑하러 가자.

Let's go shopping,
shall we?
쇼핑하러 가는 게 어때?

PART
15

Passive Voice
수동태

122 수동태란 무엇인가요? 언제 사용하나요?

수동태(passive voice)는 문장의 주어가 동작의 지배를 받는 대상일 경우를 말합니다. 우리가 지금까지 봤던 문장의 주어는 모두 동작의 주체였는데 이런 문장은 능동태라고 합니다.

active voice
능동태

passive voice
수동태

JK Rolling wrote the Harry Potters.
JK롤링은 해리 포터를 썼어요.

The Harry Potters was written by JK Rolling.
해리 포터는 JK롤링이 쓴 거예요.

Kate wrote a letter to Ken.
Kate는 Ken에게 편지를 썼어요.

A letter to Ken was written by Kate.
Ken에게 준 편지는 Kate가 썼어요.

My cat broke the vase.
고양이가 꽃병을 깼어요.

The vase was broken by my cat.
고양이 때문에 꽃병이 깨졌어요.

123 왜 수동태를 써야 하나요?

반드시 수동태를 써야하는 문장은 어느 것들이 있을까요? 주로 두 가지로 나눌 수 있습니다.

1. 동작, 사건이나 동작을 받는 대상을 강조하지만 동작의 주체를 넣지 않을 때

The class has been canceled.
그 수업은 취소되었어요.
(누가 취소했는지 말하지 않음)

The window is broken.
창문이 깨졌어요.
(누가 창문을 깼는지 말하지 않음)

I was told that Mary left.
Mary가 떠났다는 소식을 들었어요.
(누가 말했는지 말하지 않음)

2. 동작의 주체가 누구인지 모를 때, 신문이나 글에서 본 것을 말할 때

That building was built in 1990.

저 빌딩은 1990년에 지어졌어요.
(누가 지은지 모름)

1990

appreciated

Your business is appreciated.

당신 업무에 감사드립니다.
(어떤 사람들이 만족했는지 모름)

The dog was hit.

강아지가 차에 치였어요.
(누가 친 건지 모름)

Dog

수동태의 문장 구성 규칙

문장에서 주어가 동작을 받는 수동태의 문장은 아래의 규칙대로 구성됩니다.

1. 능동문의 목적어가 수동문의 주어가 됨.

✏️ 능동문

I feed _my dog_ with milk and meat.
나는 강아지에게 우유와 고기를 먹였어요. (목적어는 my dog)

Kate sent _a present_ to Tony.
Kate는 Tony에게 선물을 주었어요. (목적어는 a present)

The government will close _the bridge_.
정부는 다리를 폐쇄할 거예요. (목적어는 the bridge)

He is performing _a fantastic show_.
그는 환상적인 공연을 하고 있어요. (목적어는 a fantastic show)

2. be 동사를 조동사로 사용하며 능동문의 시제가 현재, 과거, 미래형일 경우 그
   시제에 맞춰 be 동사의 시제를 바꿈.

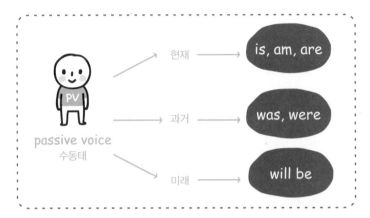

🖊 능동문

I feed _my dog_ with milk and meat.
현재형 – is 사용하고 my dog 뒤에 위치

Kate sent _a present_ to Tony.
과거형 – was 사용하고 a present 뒤에 위치

The government will close _the bridge_.
미래형 – will be 사용하고 the bridge 뒤에 위치

He is performing _a fantastic show_.
현재형 – is 사용하고 a fantastic show 뒤에 위치

3. 능동문에 따라 같은 일반동사를 사용. 단 수동문에서는 반드시 과거분사 형식으로 바꿈.

4. 문장의 맨 뒤에 by를 넣고 그 뒤에 능동문의 원래 주어나 동작의 주체를 넣음. 원래 주어가 I, she, he, it, we 같은 주격대명사일 경우 by의 뒤에 놓을 때 I–me, he–him, she–her처럼 목적격대명사로 바꿔야 함.

주격대명사
I feed my dog with milk and meat.

목적격대명사
My dog is fed with milk and meat
by me.
우리 개는 나로 인해 우유와 고기를 먹게 되었어요.

주격대명사
Kate sent Tony a present.

목적격대명사
A present was sent to Tony
by Kate.
Tony에게 선물 하나가 Kate에 의해 보내졌어요.

주격대명사
The government will close the bridge.

목적격대명사
The bridge will be closed *by the government*.
다리는 정부에 의해 폐쇄될 거예요.

주격대명사
He is performing a fantastic show.

목적격대명사
A fantastic show is being performed
by him.
환상적인 공연이 그에 의해 펼쳐지고 있어요.

동작의 주체를 강조하는 일반적인 문장에서 'by + 누구'(원래의 주어)는 자주 생략되는 경향이 있습니다.

완전한 수동문
My dog is fed with milk and meat by me.
우리 개는 나로 인해 우유와 고기를 먹게 되었어요.

'by + 누구'가 생략된 수동문
My dog is fed with milk and meat.
우리 개는 우유와 고기를 먹게 되었어요.

완전한 수동문
A present was sent to Tony by Kate.
Tony에게 선물 하나가 Kate에 의해 보내졌어요.

'by + 누구'가 생략된 수동문
A present was sent to Tony.
선물 하나가 Tony에게로 보내졌어요.

완전한 수동문
The bridge *will be closed by the government*.
다리는 정부에 의해 폐쇄될 거예요.

'by + 누구'가 생략된 수동문
The bridge *will be closed*.
다리는 폐쇄될 거예요.

완전한 수동문
A fantastic show *is being performed by him*.
환상적인 쇼가 그에 의해 펼쳐지고 있어요.

'by + 누구'가 생략된 수동문
A fantastic show *is being performed*.
환상적인 쇼가 펼쳐지고 있어요.

125 수동태 문장 구성의 12가지 시제

우리는 이미 능동문을 수동문으로 바꾸는 규칙을 대략적으로 배웠습니다. 이번에는 능동문을 수동문으로 바꿀 때 시제와 관련해서 주의해야 할 것에는 어떤 것들이 있는지 알아볼게요.

Tony draws a picture.
Tony는 그림을 그렸어요.

동사 draw(그리다)의 과거형은 drew, 과거분사는 drawn.

draw

drew

drawn

단순현재형

능동태	S + 동사원형	Tony **draws** a picture.
수동태	S + is/am/are + 과거분사	A picture **is drawn** by Tony.

현재진행형

능동태	S + is/am/are + 동사 ing	Tony **is drawing** a picture.
수동태	S + is/am/are + being + 과거분사	A picture **is being drawn** by Tony.

현재완료형

능동태	S + have/has + 과거분사	Tony has **drawn** a picture.
수동태	S + have/has + been + 과거분사	A picture **has been drawn** by Tony.

현재완료진행형

능동태	S + have/has + been+동사 ing	Tony **has been drawing** a picture.
수동태	수동태가 없음	수동태가 없음

단순과거형

능동태	S + 과거형	Tony **drew** a picture.
수동태	S + was/were + 과거분사	A picture **was drawn** by Tony.

과거진행형

능동태	S + was/were + 동사 ing	Tony **was drawing** a picture.
수동태	S + was/were + being + 과거분사	A picture **was being drawn** by Tony.

과거완료형

능동태	S + had + 과거분사	Tony **had drawn** a picture.
수동태	S + had + been + 과거분사	A picture **had been drawn** by Tony.

과거완료진행형

능동태	S + had + been + 동사 ing	Tony **had been drawing** a picture.
수동태	수동태가 없음	수동태가 없음

단순미래형

능동태	S + will + 동사원형	Tony **will draw** a picture.
수동태	S + will + be + 과거분사	A picture **will be drawn** by Tony.

미래진행형

능동태	S + will + be + 동사 ing	Tony **will be drawing** a picture.
수동태	수동태가 없음	수동태가 없음

미래완료형

능동태	S + will + have + 과거분사	Tony **will have drawn** a picture.
수동태	S + will + have + been + 과거분사	A picture **will have been drawn** by Tony.

미래완료진행형

능동태	S + will + have + been + 동사 ing	Tony **will have been drawing** a picture.
수동태	수동태가 없음	수동태가 없음

can, should, could같은 조동사를 포함하고 있는 문장형

능동태	S + 조동사 + 동사원형	Tony **can draw** a picture.
수동태	S + 조동사 + be + 과거분사	A picture **can be drawn** by Tony.

아래 능동문을 수동문의 형태로 바꿔보세요.

1. They will open a new restaurant.
   그들은 새로운 레스토랑을 열 예정이에요.

   A new restaurant will be opened (by them).

2. My dad repaired the bike.
   우리 아버지는 자전거를 고치셨어요.

   ....

3. He can play the piano.
   그는 피아노를 칠 줄 알아요.

   ....

4. We have done our homework.
   우리는 숙제를 모두 다 했어요.

   ....

5. The guard watched the prisoners.
   간수는 죄수를 감시해요.

   ....

active voice   passive voice

6. **The manager offered a job to him.**
   매니저가 그에게 직업을 제안했어요.

   ....

7. **The teacher is teaching math.**
   선생님은 수학을 가르치고 계세요.

   ....

8. **Sam writes poems.**
   Sam은 시를 써요.

   ....

9. **She sang a love song.**
   그녀는 사랑 노래를 불렀어요.

   ....

10. **The officer will close this street for 3 weeks.**
    경찰이 이 길을 3주 동안 폐쇄할 거예요.

    ....

Answers

1. A new restaurant will be opened (by them).
2. The bike was repaired (by my dad).
3. The piano can be played (by him).
4. Our homework has been done (by us).
5. The prisoners were watched (by the guard).
6. A job was offered to him (by the manager).
7. Math is being taught (by the teacher).
8. Poems are written (by Sam).
9. A love song was sung (by her).
10. This street will be closed for 3 weeks (by the officer).

Indirect Speech
간접화법

간접화법이란 무엇인가요?

의견과 관련된 화법을 말합니다. 예를 들면, 'Kate가 말하길 "그가 곧 결혼한대요"', 'Tony가 말하길 "그가 새 집으로 이사를 간대요"' 'Billy가 말하길 "그가 시험에서 아주 좋은 점수를 받았대요"', 처럼 다른 사람이 어떤 일을 이야기하는 걸 뜻합니다. 영어에서 다른 사람이 사건을 언급하는 유형은 '직접화법', '간접화법' 두 가지로 나뉩니다. 예를 들어볼게요.

📝 직접화법

She says, "I like Tony."
그녀는 "Tony를 좋아해."라고 말했어요.

직접화법

나는 Tony를
좋아해요

들은 말

나는 Tony를
좋아해요

제 3자에게
전달하는 말

이런 유형의 문장을 직접화법(direct speech)라고 합니다. 즉 누군가가 말한 걸 다른 사람에게 직접적으로 전달할 때 사용합니다. "I like Tony"이 말은 원래는 말을 전달하는 사람이 말하는 것이 아니라 누군가에게 들은 말을 전달하는 것이라는 걸 주의합니다.

간접화법

She says that she likes Tony.
그녀는 Tony를 좋아한다고 말했어요.

간접화법

나는 Tony를 좋아해요 — 들은 말 → 그녀는 Tony를 좋아해요 — 제 3자에게 전달하는 말 →

간접화법(indirect speech)은 일상생활에서 다른 사람의 말을 전할 때 비교적 자주 쓰이는 유형입니다. 실생활 중 대개 사람들은 '그가 말하길 그의 월급이 올랐대요'라고 말하지 '그가 "나의 월급이 올랐어요'라고 말했어요.라고 하지 는 않습니다. 그렇기 때문에 다른 사람의 말을 자연스럽게 전달하기 위해서는 반드시 간접화법을 배워야 합니다.

127 직접화법을 간접화법으로 바꾸기

이번에는 다른 사람이 했던 말을 간접화법의 형식이나 비교적 자연스러운 전달 형식으로 어떻게 바꾸는지 배워봅시다. 바꿔야 할 부분이 모두 네 군데나 있답니다. 예를 들어볼게요.

indirect speech
간접화법

1. 우선 대명사로 말하는 사람이 누구이고 말하는 사람의 대명사가 무엇인지 확인한다. 전달 형식의 문장에서 사용된 대명사는 반드시 일치해야 한다.

She says, "*My* mom likes cooking".

말하는 사람 – she,
전달 형식에서는 my를 반드시 her로 바꿔야 함

She says, *her* mom likes cooking.

444

He tells me, "*I* write poems".

말하는 사람 – he,
전달 형식에서는 I를 반드시 he로 바꿔야 함

He tells me, *he* writes poems.

They said, "*I am* happy".

말하는 사람 – they,
전달 형식에서는 I를 반드시 they로 am을 are로 바꿔야 함

They said, *they are* happy.

You said, "*My* friend came here".

말하는 사람 – You,
전달 형식에서는 my를 반드시 your로 바꿔야 함

You said, *your* friend came here.

2. that을 사용해서 말하는 사람과 말한 내용을 연결한 후 say / tell 뒤의 문장 부호와 " "를 제거한다.

3. say에는 어떤 내용을 말하다라는 뜻이 있으므로 사용할 경우 말한 내용을 바로 연결할 수 있음. 하지만 tell의 경우는 뒤에 me 같은 목적어가 필요하다. (⬛ : 나에게 말하다)

She says, " *My* mom likes cooking".

She says *that* her mom likes cooking.

He tells me, "*I* writes poems".

He tells me *that* he writes poems.

They said, "*We* are happy".

They said *that* they are happy.

You told me, "*My* friend came here".

You told me *that* your friend came here.

4. 말하는 사람의 시제가 현재인지 과거인지 확인. say는 현재형, said는 과거형
   이며 tell은 현재형, told는 과거형임을 주의한다.

> **She says that her mom likes cooking.**　　says - 현재형
>
> **He tells me that he writes poems.**　　tells - 현재형
>
> **They said that they are happy.**　　said - 과거형
>
> **You told me that your friend came here.**　　told - 과거형

현재형과 과거형을 쓰는 데는 어떤 차이가 있을까요? 이는 전달하는 시점의 시
제에 영향을 받아요. say와 tell을 현재형으로 쓰면 전달 형식에서도 바꿀 필
요 없이 현재형을 사용해요.

She _says_ that her mom likes cooking.

says – 현재형
전달 형식의 her mom likes에서도 현재형을 사용

She says that her mom _likes_ cooking.

그녀가 그녀의 어머니가 요리하는 걸 좋아하신다고 했어요.

He _tells_ me that he writes poems.

tells – 현재형
전달 형식의 he writes에서도 현재형을 사용

He tells me that he _writes_ poems.
그는 그가 시를 쓴다는 것을 말해줬어요.

- -

said나 told를 사용해서 과거형의 시제를 사용한 경우는 전달 형식에서 두 가지
로 나눌 수 있습니다. 전달문의 현재형은 반드시 과거형으로 바꾸며, 동사 역시
과거형으로 바꿔야 합니다.

They _said_ that they are happy.

said – 과거형
하지만 원문에 they are happy는 현재형이기 때문에 바꿔야 함.

They said that they _were_ happy.
그들은 그들이 행복했었다고 말했어요.

원문이 이미 과거형으로 되어있다면 전달 형식에서는 반드시 had + 과거분사처럼 과거완료형의 시제를 사용해야 합니다.

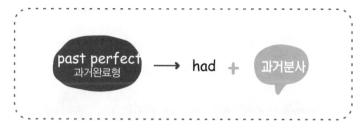

You _told_ me that your friend came here.

told – 과거형

하지만 원문에 you friend came은 단순과거형이기 때문에 바꿔야 함.

You told me that your friend _had come_ here.

너는 너의 친구가 이미 여기 왔었다고 말했어요.

449

우리는 이제 직접화법문(direct speech)을 간접화법문(indirect speech)으로 바꾸는 네 가지 규칙을 모두 배웠습니다. 처음부터 끝까지 다시 한번 해봐요!

직접화법 : 그들은 선생님께 "우리는 뉴욕을 방문했다."고 말했어요.

They told the teacher, "*we* visited New York".

- 대명사를 대명사로 바꾸기 :
  They told the teacher, "*they* visited New York".

- 문장부호를 빼고 **that**을 넣기 :
  They told the teacher *that* they visited New York.

- 시제를 알아보고 시제 바꾸기 :
  They told the teacher that they *had visited* New York.

간접화법 : 그들은 선생님께 그들이 뉴욕을 방문했다고 말했어요.

·연습문제 16-01·

아래 문장들을 자연스러운 간접화법
문장(indirect speech)으로 바꾸세요.

1. Sam says, "I love her".
샘이 "나는 그녀를 사랑해."라고 했어요.

   Sam says that he loves her.

2. He tells his friends, "I always wake up early".
그는 친구에게 "언제나 일찍 일어난다."고 했어요.

3. She told me, "I can't play the violin".
그녀는 나에게 "바이올린을 연주할 줄 모른다."고 했어요.

4. Kate said, "I will open the door".
Kate가 "문을 열러 갈 거야."라고 했어요.

5. He said, "I'm looking for my key."
그가 "열쇠를 찾고 있다."고 했어요.

Answers

1. Sam says that he loves her.
2. He tells his friends that he always wakes up early.
3. She told me that she couldn't play the violin.
4. Kate said that she would open the door.
5. He said that he was looking for his key.

128 반드시 바꿔줘야 하는
장소와 시간의 간접화법

today, tomorrow, this, that, here처럼 만약 날짜, 시간, 장소 혹은 거리를 말할 때 말을 전하는 시점에는 이미 시간이나 장소가 다를 수 있습니다. 그렇다면 이것들을 바꿔야겠지요? 예를 들어볼게요.

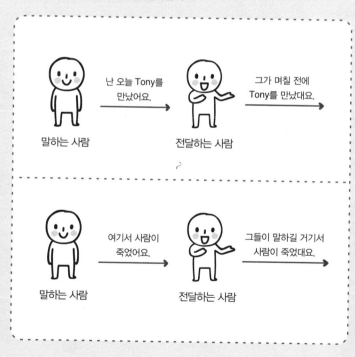

이 문장들은 모두 날짜나 시간을 이야기하고 있는데, 전달하는 시점에 시간과 장소가 바뀌기 때문에 '오늘'은 반드시 '그날'이나 '며칠 전'으로, '여기'는 반드시 '거기'로 바꿔야 합니다. 왜냐하면 다른 사람의 말을 전달할 때는 이미 시간과 장소가 바뀐 후이기 때문입니다. 간접화법으로 말할 때 바꿔야 하는 단어들은 아래와 같아요.

direct speech 직접화법	indirect speech 간접화법
today	that day
now	then
yesterday	the day before
tomorrow	the next day
...days ago	...days before
last week	the week before
next year	the following year
here	there
this	that
these	those

직접화법 : 그가 "나는 어제 여기에 왔어."라고 말했어요.

He said, "*I* arrived here yesterday."

- **대명사를 대명사로 바꾸기 :**
  He said, "*he* arrived here yesterday."

- **문장부호를 빼고 that으로 바꾸기 :**
  He said *that* he arrived here yesterday.

- **시제를 확인하고 시제 바꾸기 :**
  He said that he *had arrived* here yesterday.

- **날짜, 시간, 장소와 위치 바꾸기 :**
  He said that he had arrived *there the day before*.

간접화법 : 그가 그는 하루 전에 이미 여기 왔었다고 말했어요.

She said, "_I_ can do it now".

- **대명사를 대명사로 바꾸기 :**
  She said, "_she_ can do it now".

- **문장부호를 빼고 that으로 바꾸기 :**
  She said _that_ she can do it now.

- **시제를 확인하고 시제 바꾸기 :**
  She said that she _could_ do it now.

- **날짜, 시간, 장소와 위치 바꾸기 :**
  She said that she could do it _then_.

간접화법 : 그녀는 그녀가 그 시간에 할 수 있다고 말했어요.

직접화법 : 그들이 "우리가 내일 전화할게요."라고 했어요.

They say, "_We_ will call you tomorrow".

- **대명사를 대명사로 바꾸기 :**
  They say, "_they_ will call you tomorrow".

- **문장부호를 빼고 that으로 바꾸기 :**
  They say _that_ they will call you tomorrow.

- **시제를 확인하고 시제 바꾸기 :**
  They say that they _will call_ you tomorrow.

- **날짜, 시간, 장소와 위치 바꾸기 :**
  They say that they will call you _the next day_.

간접화법 : 그들은 다음날 그들이 전화할거라고 말해요.

만약 말을 전할 때 같은 시간에 있다면

They say that they will call you tomorrow.

'그들은 그들이 내일 전화한다고 말해요'라고 할 수 있어요.

직접화법 : Mary가 "나는 이 도시를 사랑해요."라고 했어요.

Mary said, "*I* love this town".

- 대명사를 대명사로 바꾸기 :
  Mary said, "*she* love this town".

- 문장부호를 빼고 that으로 바꾸기 :
  Mary said *that* she love this town.

- 시제를 확인하고 시제 바꾸기 :
  Mary said that she *loved* this town.

- 날짜, 시간, 장소와 위치 바꾸기 :
  Mary said that she loved *that* town.

간접화법 : Mary는 그 도시를 사랑한다고 말했어요.

만약 말을 전할 때 같은 도시에 있다면
Mary said that she loved this town.
'Mary는 이 도시를 사랑한다고 말했어요'라고 할 수 있어요.

If Clauses
if 조건절

if 조건절이란 무엇인가요?

if 조건절은 '만약 월급이 오른다면 새 자동차를 살 텐데', '만약 공부를 조금만 더 많이 했다면 시험에 합격했을 수 있었을 텐데'처럼 '만약 ~한다면 ~할 텐데'의 뜻을 나타냅니다. if 조건절은 조건 부분과 결과 부분을 포함합니다. 그리고 if는 조건 부분의 앞에 옵니다.

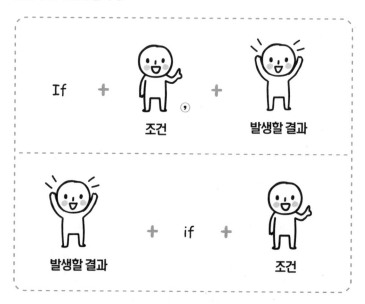

if가 문장 맨 앞에 위치한다면 조건과 결과 사이에 문장부호 쉼표(,)가 필요합니다. 하지만 결과가 맨 앞에 위치한다면 쉼표(,)가 필요 없습니다.

조건절

조건	결과

If I finish my work early,
만약 내가 일을 일찍 끝낸다면,

I will watch the film.
영화를 보러 갈 거예요.

If I were you,
만약 내가 너라면,

I would love him.
나는 그를 사랑할 거예요.

130 if와 변하지 않는 사실의 상황

첫 번째로 소개할 중요한 조건절은 어떤 일이 있어났을 때 그 결과가 필연적으로 발생하는 상황일 경우입니다.

if clauses
if 조건절

☑ 조건이 참이면

☑ 결과도 참

이런 조건절은 보편적인 사실의 자료나 통계자료, 혹은 과학에서 증명된 사실들을 말할 때 사용합니다.

If | **S + Present Simple verb**
단순현재동사 **,** | **S   Present Simple verb**
단순현재동사

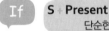

Memo

단순현재동사 및 동사원형은 주어가 he, she, it 같은 명사일 경우 반드시 s나 es를 뒤에 붙여야 해요. 하지만 주어가 I, you, we, they 같은 명사일 경우 동사원형을 그대로 쓰며 s나 es를 붙일 필요가 없어요.

If you heat ice, it melts.
얼음에 열을 가하면, 녹아요.

If it rains, you get wet.
비가 내리면, 옷이 젖을 거예요.

Plants die ***if*** they don't get enough water.
나무는 충분한 물을 주지 않으면 죽을 거예요.

if와 현재나 미래에 일어날 가능성이 있는 상황

이번에 알아볼 조건절은 조건이 참이면 그 결과가 현재나 미래에 발생할 수도 있을 때(발생하지 않을 수도 있음), 혹은 발생할 가능성이 높을 때 사용합니다.

if clauses
if 조건절
☑ 조건이 참이면
☑ 결과도 아마 참
(현재나 미래에)

이런 조건절은 일상생활에서 자주 쓰입니다. '이 일이 일어나면 그 일도 아마 일어날 것이다'처럼 말이에요. 문장의 구성은 이렇습니다.

If　S + Present Simple verb
단순현재동사
⑨
S + will + 동사원형

If I have enough time, I will watch the
football match.
만약 내가 시간이 충분하다면, 축구 경기를 볼 거예요.

If you don't hurry, you will miss the train.
만약 서두르지 않으면, 기차를 놓치게 될 거예요.

I will call the police *if* you don't leave.
만약 당신이 떠나지 않는다면, 경찰을 부를 거예요.

465

132 if와 현재 일어날 가능성이 없는 상황

이번에 알아보는 상황은 '내가 너였다면 그의 사랑을 받아주었을 거예요(하지만 나는 너일 수가 없음)'처럼 조건이 참이 아니기 때문에 그 결과가 일어나지 않았다고 말할 때 사용합니다.

if clauses
조건구절

☑ 일어날 수 없는 조건

☑ 가상에서 일어날 수 있는 결과

이런 조건절은 현실의 상황이 바뀌어서 어떤 결과가 나왔으면 좋겠지만 결코 일어날 수 없는 일들을 말할 때 사용합니다. 이러한 조건절은 주로 '만약 내가 ~라면 ~할 텐데' 같은 형식으로 사용하며 구성은 아래와 같습니다.

If ┃ S + 과거동사 , S + would + 동사원형

혹은

If ┃ S + 과거동사 , S'd + 동사원형

└─ d는 would의 축약형

If I were you, I would give up smoking.

내가 당신이었다면, 담배를 끊을 거예요.

If I were a millionaire, I'd buy a castle.

내가 백만장자였다면, 성을 샀을 거예요.

I would visit her if I had time.

시간이 있으면, 그녀를 보러갈 거예요.

133 if와 과거에 일어날 수 없는 상황

마지막으로 '내가 공부를 많이 했었다면 시험은 진작에 합격했을 텐데', '내가 운전을 조금만 더 조심히 했다면 사고는 일어나지 않았을 텐데'처럼 과거에 어떤 조건이 참이 아니기 때문에 과거에 그 결과가 일어나지 않았었다는 말을 할 때 사용합니다.

if clauses
조건구절

☑ 과거에 일어나지 않았던 조건

☑ 결과도 일어나지 않음
(일어나길 바람)

이런 조건절은 '만약 ~했었다면 아마도 ~했겠지', '만약 ~했었다면 ~하지 않았겠지'처럼 과거의 일을 말할 때 사용합니다. 그런데 사실 과거에 그런 상황이 일어나지 않았기 때문에 결과가 바라던 대로 일어나지 않았다는 말을 하기 위함이기 때문에 주로 과거의 실패했던 일, 유감이었던 일을 이야기하는 데 사용합니다. 구성은 아래와 같습니다.

If   S + had + 과거완료형 ⑨   S would have 과거완료형

혹은

If   S + had + 과거완료형 ⑨   S'd have 과거완료형

d는 would의 축약형

If he had been careful that day, he wouldn't have had an accident.

만약 그날 그가 조심했었다면, 그는 사고를 당하지 않았을 거예요.
(조심하지 않았기 때문에 그가 사고를 당함)

If you had worked hard last week, you would have passed the exam.

만약 지난 주 열심히 했었다면, 당신은 시험에 합격했었을 거예요.
(노력하지 않았기 때문에 시험에 합격하지 못함)

I'd have baked a cake *if* I had known you were coming.

네가 온다는 걸 알았었다면, 나는 케이크를 구웠을 거예요.
(온다는 걸 몰랐기 때문에 케이크를 굽지 않음)

알맞은 뜻의 조건절로 문장을 만들어보세요.

if clauses

1. If you (mix) .... red and blue,
   you (get) .... purple.
   빨간색과 파란색을 섞으면, 보라색을 얻을 수 있을 거예요.

2. If I (be) ...we.re... a celebrity, I (help) ...would help... the
   needy.
   만약 내가 유명한 사람이라면, 도움이 필요한 사람을 도울 거예요.

3. If you (drop) .... the gun, I (shoot) ....
   총을 내려놓지 않으면, 총을 쏠 거예요.

4. If I (be) .... the queen of England,
   I (give) ....everyone money.
   만약 내가 영국 여왕이라면, 모든 사람들에게 돈을 나눠줄 거예요.

5. Your uncle (die) .... if he (go) .... to
   the doctor.
   당신 삼촌이 의사 선생님을 뵈러 갔었다면, 돌아가시지 않았을 거예요.

6. If you (freeze) .... water, it (become) .... a
   solid substance.
   물을 얼리면, 고체가 될 거예요.

7. If she (marry) .... him,

   she (be) .... happy.

   그에게 시집갔다면, 그녀는 매우 행복했을 거예요.

8. If you (drop) .... that glass,

   it (break) ....

   컵을 떨어드린다면, 깨질 거예요.

9. The time (change) .... if you

   (cross) .... the international date line.

   만약 날짜변경선을 넘는다면, 시간이 바뀔 거예요.

10. If I (know) .... you were in hospital last

    Saturday, I (visit) .... you.

    네가 지난주 토요일에 병원에 있었다는 걸 알았다면, 나는 병문안을 갔을 거예요.

11. If I (get) .... there early,

    I (call) .... you.

    내가 조금 더 일찍 거기 있었다면, 당신에게 전화를 했을 거예요.

12. If I (can wake up) .... early,

    I (go) .... jogging.

    일찍 일어났다면, 조깅을 하러 갔을 거예요.

471

Answers

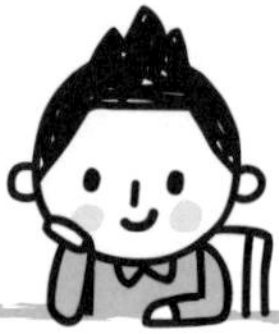

1. mix, get
2. was/were, would help
3. don't drop, will shoot
4. was/were, would give
5. would not have died, had gone
6. freeze, becomes
7. married, would be
8. drop, will break
9. changes, cross
10. had known, would have visited
11. get, will call
12. can wake up, will go

PART
18

Wishes
축복이나 가정법

134 wish를 사용해서 축복하기

누군가를 축복해주고 싶을 때는 희망하다의 뜻을 가진 동사 wish를 사용합니다. 문장은 아래와 같습니다.

I wish + (축복해주고 싶은 대상) + Good Luck (단어, 구)

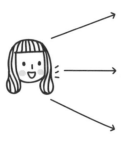

I wish you good luck in your new job.
나는 당신의 새로운 일이 잘 되길 바라요.

I wish Frank success with the exam.
나는 Frank가 시험에 합격하길 바라요.

I wish Kate a good score.
나는 Kate가 좋은 점수를 받길 바라요.

Frank   Kate

I wish you a speedy recovery.
당신이 빨리 회복하길 기원해요.

I wish you a happy new year.
새해 복 많이 받으세요.

I wish Tony happiness in his marriage.
나는 Tony의 결혼생활이 행복하길 바라요.

I wish you happiness on your birthday.
행복한 생일이 되길 바라요.

I wish you a safe journey.
안전한 여행이 되길 바라요.

hope를 사용해서 축복하거나 기대하기

wish로 축복의 의미를 나타내는 걸 모두 배웠으니 이번에는 hope를 배워봅시다. 같은 희망하다라는 뜻을 가지고 있으며 '축복하다'라는 뜻도 있습니다. 하지만 용법은 조금 다릅니다.

I hope + 주어 + 동사원형

I hope + 주어 + will + 동사원형

I hope you have a safe journey.

I wish you a safe journey.

평온한 여행이
되길 바라요.

I hope you get well soon.
하루빨리 건강이 회복하길 바라요.

I hope she will come here tomorrow.
그녀가 내일 이곳에 오길 바라요.

I hope Ken has a happy marriage.
Ken이 행복한 결혼생활을 하길 기원해요.

136 wish를 사용해서 가상의 일을 나타내기

wish는 상대방을 축복하는 것 이외에 가상의 상황을 나타내는 문장에 쓰일 수도 있습니다. 현실이 아닌 일이나 일어나기 힘든 일을 말할 때 wish를 사용합니다. wish를 사용해서 가상이나 현실이 아닌 상황을 나타내는 형식은 두 가지가 있습니다.

1. 기대하는 것(하지만 실현될 수 없는 것). 우리가 자주 말하는 '정말 ~하고 싶어!'같은 거예요.(영원히 일어나지 않을 수도 있는 것들)

나는 새가 되고 싶어요!

2. 과거의 기대(하지만 실현되지 않음). '그때 그랬었다면~' 같은 거예요.(하지만 그러지 못해서 유감임)

그때 거길 갔어야 했어요.

478

***I wish* I were a superstar.**

나는 슈퍼스타가 되고 싶어요!
(바라는 기대를 wish를 사용하면 지금은 슈퍼스타가 아니라는 걸 나타냄)

***I wish* I had woken up early that day.**

나는 그날 일찍 일어났어야 했어요.
(과거의 기대를 wish를 사용해서 일어나지 않음을 나타냄.
현실은 그날 일찍 일어나지 않음)

137 wish와 바라는 가상의 상황

wish는 바라는 바, 가상의 상황에서 쓰여 일어날 수 없는 일을 나타냅니다. 어떤 가상의 상황은 미래에 일어날 수도 있지만 대부분의 상황은 영원히 실현되지 못합니다. 문장의 구성은 다음과 같습니다.

I, You, We, They, 복수 주어 + wish + 주어 + 과거형

- -

He, She, It 단수 주어 + wishes + 주어 + 과거형

가상의 상황의 문장구조를 잘 외우는 요령은 바로 아래 문장구조를 외우는 거예요.

I wish I were = 주어 + wish + 주어 + 과거형

I wish I were a millionaire.
백만장자가 되고 싶어요.
(하지만 아님)

I wish I could fly.
하늘을 날 수 있으면 좋겠어요.
(날지 못함)

She wishes she were a doctor.
그녀는 의사이기를 바라요.
(하지만 의사가 아님)

I wish I knew how to use this machine.
이 기계를 어떻게 조작하는지 알고 싶어요.
(어떻게 조작하는지 모르지만 미래에 알게 될 수도 있음)

Tony wishes he were
in London now.
Tony는 지금 런던에 있기를 바라요.
(하지만 런던에 있지 않음)

He wishes she loved him.
그는 그녀가 그를 사랑하기를 바라요.
(지금 그녀는 그를 사랑하지 않음)

Memo

She wishes she were, Tony wishes he were 여기서 우리는 왜 was
를 사용하지 않을까요? 가상의 상황을 나타낼 때 만약 두 번째 동사가 '무
엇이길 바라', '어느 곳이길 바라'의 뜻을 가진 be 동사라면 주어가 단수명
사든 복수명사든 상관없이 모두 was를 사용하지 않고 were을 사용해요.

가상의 상황

무엇이길 바라
어느 곳이길 바라

단수명사 /
복수명사

+

138 wish와 과거의 가상 상황

과거의 가상 상황이나 바라는 바는 어떻게 말하는지 알아봅시다. 이러한 문장은
주로 안타까운 감정을 강조하는 데 쓰이는데, 그 일이 과거에 일어나지 않았기
때문입니다. 과거에 바라던 일이 일어나지 않았을 때 실망하고 안타까운 감정이
드러납니다. 이런 문장의 구조는 다음과 같습니다.

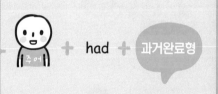

I, You,
We, They, + wish
복수 주어

He, She,
It, + wishes
단수 주어

주어 + had + 과거완료형

과거의 가상 상황의 문장구조를 잘 외우는 요령은 바로 아래 문장구조를
외우는 거예요.

I wish I had been = 주어 + wish + 주어 + had + 과거분사

I wish I had seen the doctor sooner.

진작 의사 선생님을 뵈러 갔어야 했어요.
(의사를 보러 간 시간이 늦음)

She wishes she had talked to him yesterday.

그녀는 어제 그에게 말했어야 했어요.
(말하지 않음)

He wishes he had worked hard.

그는 일을 열심히 했어야 했어요.
(열심히 하지 않음)

I wish I had seen this movie.

예전에 이 영화를 보러 갔어야 했어요.
(보지 않음)

연습문제 18-01

wish를 사용해서 아래의 문장을 완성해보세요.

1. I ....wish.... I (can swim) ....could swim.... like a fish.
   나는 정말 물고기처럼 수영을 잘하고 싶어요.

2. She was absent. I .... she (attend) .... the meeting.
   그녀는 결석을 했어요. 나는 그녀가 회의에 참석했기를 바라요.

3. I .... I (be) .... rich. I would buy a resort.
   내가 부자였다면 리조트를 샀을 거예요.

4. The concert was fun. I .... you (see) .... it with us.
   그 공연이 재미있었어요. 나는 당신이 우리와 함께 그것을 보았기를 바라요.

5. I .... I (be) .... you. I would stay with him all the time.
   나는 당신이고 싶어요. 나는 언제나 그의 곁에 있고 싶어요.

6. She .... she (be) .... there with you now.
   그녀가 지금 그곳에서 당신과 함께 하길 바라요.

7. I .... I (can travel) .... around the world.
나는 세계를 여행할 수 있으면 좋겠어요.

8. She .... she (have) .... enough money to give him that day.
그녀는 그날 그에게 줄 충분한 돈을 갖고 있기를 바랐어요.

9. I .... I (can run) .... from my problems, but I can't.
나는 정말 나의 문제를 해결하고 싶지만 할 수 없어요.

10. Don't you .... you (work) .... in a company you were proud of?
당신은 당신이 자랑스러워하는 회사에서 일하기를 바라지 않나요?

Answers

1. wish, could swim	6. wishes, were
2. wish, had attended	7. wish, could travel
3. wish, were	8. wishes, had had
4. wish, had seen	9. wish, could run
5. wish, were	10. wish, worked

Similarities,
Comparatives,
Superlatives
비교문

139 유사관계(Similarities)

두 대상의 성질이 비슷한 사람, 동물, 사물, 장소에 대해 말할 때 아래의 문장을 통해 말할 수 있습니다.

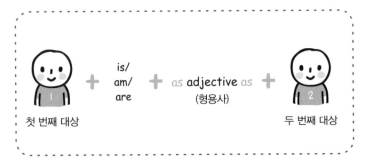

첫 번째 대상   is/am/are   as adjective as (형용사)   두 번째 대상

Kate is as _beautiful_ as Mary.

Kate는 Mary만큼 예뻐요.

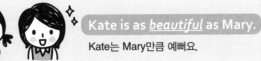

Tony is as _intelligent_ as Billy.

Tony는 Billy만큼 똑똑해요.

My cat is as _cute_ as my dog.

우리 고양이는 우리 강아지만큼 귀여워요.

The bridge is as _old_ as the museum.

이 다리는 박물관만큼 오래되었어요.

140 비교급 (Comparative)

두 사람이나 물건 혹은 동물을 비교해서 '어느 것이 어느 것보다 더~'라고 비교하는 것을 '비교급'이라고 합니다. 이런 문장의 구조는 아래와 같습니다.

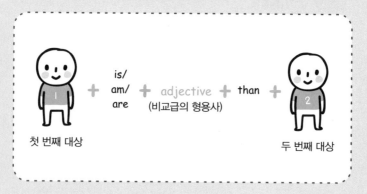

Mary is _smarter than_ Paula.
Mary는 Paula보다 똑똑해요.

Frank is *stronger than* Sam.
Frank는 Sam보다 힘이 세요.

Ken is more *diligent than* his brother.
Ken은 그의 형보다 부지런해요.

I am *younger than* you.
나는 당신보다 어려요.

141 최상급 (Superlative)

두 개 이상의 대상을 비교했을 때 '가장 ~한' 같은 비교를 '최상급'이라고 하는데, 문장의 구조는 다음과 같습니다.

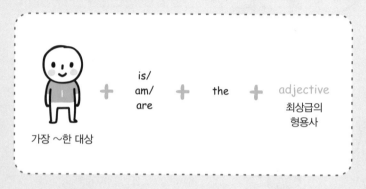

가장 ~한 대상 + is/am/are + the + adjective 최상급의 형용사

Billy is *the tallest* man in the class.
Billy는 우리 반에서 가장 키가 커요.

You are *the oldest* employee in our company.
당신은 우리 회사에서 가장 나이가 많은 직원이에요.

You are *the best* man in my life.
당신은 내 인생에서 가장 좋은 남자예요.

This is *the longest* poem I've ever read.
이 시는 내가 읽은 것 중에서 가장 긴 시예요.

142 형용사를 비교급과 최상급으로 바꾸기

앞에서 비교급과 최상급 표현이 문장에서 쓰일 때 형용사의 형태가 바뀌는 것을 보았을 겁니다. 그렇기 때문에 우리는 형용사가 비교급과 최상급으로 쓰일 때 형태가 바뀌는 규칙을 알아야 합니다. 그 규칙은 아래와 같습니다.

1. 형용사가 e로 끝나는 단음절일 경우 r만 더해서 비교급을, st를 더해서 최상급을 만듦.

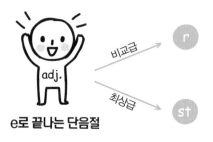

e로 끝나는 단음절

형용사 (adjectives)	비교급 (comparative)	최상급 (superlatives)
cute	cuter	cutest
nice	nicer	nicest
close	closer	closest

2. 모음과 자음이 하나씩 있는 단음절일 경우 끝의 자음을 한 번 더 쓴 후
  er을 더해서 비교급을, est를 더해서 최상급을 만듦.

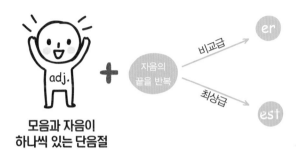

**모음과 자음이
하나씩 있는 단음절**

형용사 (adjectives)	비교급 (comparative)	최상급 (superlatives)
hot	hotter	hottest
big	bigger	biggest
fat	fatter	fattest

3. 하나의 모음이 들어가며 자음으로 끝나는 단음절일 경우 er을 더해서
  비교급을, est를 더해서 최상급을 만듦.

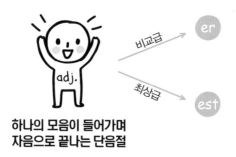

**하나의 모음이 들어가며
자음으로 끝나는 단음절**

형용사 (adjectives)	비교급 (comparative)	최상급 (superlatives)
tall	taller	tallest
long	longer	longest
high	higher	highest
bright	brighter	brightest
short	shorter	shortest
old	older	oldest
young	younger	youngest

4. y로 끝나는 쌍음절일 경우 y를 i로 바꾼 후 er을 더해서 비교급을, est 를 더해서 최상급을 만듦.

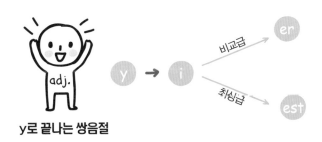

y로 끝나는 쌍음절

형용사 (adjectives)	비교급 (comparative)	최상급 (superlatives)
happy	happier	happiest
silly	sillier	silliest
easy	easier	easiest
pretty	prettier	prettiest

5. 두 음절 이상의 형용사일 경우 형용사 앞에 more을 더해서 비교급을, most를 더해서 최상급을 만듦.

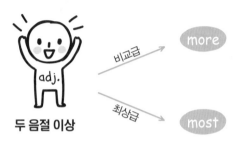

두 음절 이상

비교급 → more
최상급 → most

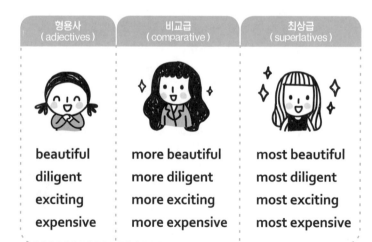

형용사 (adjectives)	비교급 (comparative)	최상급 (superlatives)
beautiful	more beautiful	most beautiful
diligent	more diligent	most diligent
exciting	more exciting	most exciting
expensive	more expensive	most expensive

6. 일부 형용사는 매우 특별합니다. 앞에서 서술한 다섯 가지의 방법대로
   비교급과 최상급이 되지 않기 때문입니다. 뿐만 아니라 굉장히 다양한
   형태로 변하기 때문에 반드시 외워야 익숙하게 쓸 수 있어요 비교적 자
   주 보이는 단어는 아래와 같습니다.

형용사 (adjectives)	비교급 (comparative)	최상급 (superlatives)
good	better	best
bad	worse	worst
far	farther/further	farthest/furthest
little	less	least
many	more	most
much	more	most

PART 19 비교문

뜻에 맞게 동급, 비교급, 최상급 중에서 골라 써보세요.

1. Show me (good) .... restaurant in town.
   시내에서 가장 좋은 레스토랑을 소개해주세요.

2. Today is (hot) .... than yesterday.
   Tomorrow will be (hot) .... day.
   오늘은 어제보다 더워요. 내일은 아마 가장 더운 날이 될 거예요.

3. Paula performed (bad) .... than Kate.
   Paula의 공연은 Kate의 것보다 별로였어요.

4. He is the (rich) .... man in his family.
   그는 그의 집안에서 가장 돈이 많아요.

5. **Australia is** (big) .....bigger..... **than England.**

호주는 영국보다 커요.

6. **The moon is** (close) .... **to the earth than the sun.**

달은 태양보다 지구에 더 가까운 위치에 있어요.

7. **Tony has the** (good) .... **score on the exam.**

Tony는 시험에서 가장 높은 점수를 받았어요.

8. **She's got** (little) .... **money than you.**

그녀는 당신보다 돈이 없어요.

9. **Today's sunshine is** (beautiful) .... **than yesterday's.**

오늘의 햇빛은 어제보다 아름다워요.

10. **Cats are** (intelligent) .... **dogs.**

고양이는 개만큼 똑똑해요.

Answers

1. the best	6. closer
2. hotter, the hottest	7. best
3. worse	8. less
4. richest	9. more beautiful
5. bigger	10. as intelligent as

Parts of Speech
품사

143 영어의 여러 가지 품사

마지막으로 영어에서 매우 중요한 개념을 다시 한번 짚고 넘어가겠습니다. 그건 바로 품사입니다. 영어에는 모두 여덟 가지의 품사가 있습니다. 사실 거의 모든 품사를 우리는 이미 책에서 배웠어요. 마지막 복습이라고 생각하고 끝까지 함께 해요!

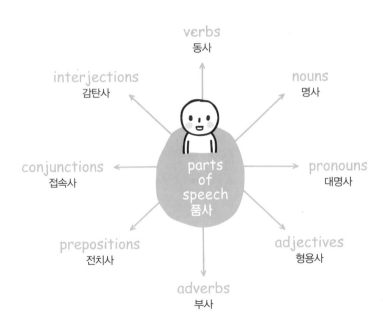

1. 동사(verbs) 동작을 나타냄. 존재가 가지고 있는 상태를 나타내는 말.

예 : run(달리다), stand(서다), swim(수영하다), eat(먹다), have(있다), do(하다)

2. 명사(nouns) 사람, 동물, 사물, 장소 등을 지칭하는 말

예 : tree(나무), girl(여자아이), water(물), sky(하늘), puppy(강아지)

3. 대명사(pronouns) 명사를 대표하는 말

예 : he(그 남자), she(그 여자), I(나), they(그들)

he   she   I   they

4. 형용사(adjectives) 명사를 수식하는 말

   예 : beautiful(아름다운), big(큰), fat(뚱뚱한), narrow(좁은),
       tiny(아주 작은), black(검은)

5. 부사(adverbs) 동사와 형용사 및 부사 자신을 수식하는 말

   예 : quickly(빠르게), slowly(느리게), always(언제나), never(결코),
       absolutely(절대적으로)

6. 전치사(prepositions) '어디서', '어떻게', '왜' 등을 나타내는 개념의 말

   예 : for(~ 를 위해), in(~ 안에서), at(~ 에서), above(~ 위에서),
       under(~ 아래에서)

7. 접속사(conjunctions) 단어, 구, 짧은 문장 등을 하나의 문장으로 연결해
   주는 기능을 하는 말

   예 : and(그리고), but(하지만), so(그래서), before(~ 전에), while(~ 하는 동안)

8. 감탄사(interjections) 의혹이나 놀람 등의 정서를 나타내는 말

   예 : oh(오), wow(와우), uh(음)

144 품사의 사용 방법 이해하기

품사를 이해하면 영어에서 주로 어떤 품사의 말이 문장을 구성하는지 알 수 있습니다. 품사들의 성질과 사용법은 어떠한지, 문장에서는 또 어떤 곳에 위치해야 하는지 예를 들어볼게요.

명사(nouns)와 **대명사**(pronouns)는 문장에서 주어나 목적어의 역할을 해요. 동사나 전치사를 문장의 주어로 할 수는 없습니다.

Pancakes are delicious.
팬케이크는 맛있어요.
Pancake는 명사로 문장에서 주어의 역할을 함

The garden wall is made of *rock*.
정원의 벽은 벽돌로 만들어졌어요.
rock은 명사로 문장에서 전치사 'of' 뒤에서 목적어의 역할을 함

명사는 오로지 형용사로만 수식할 수 있어요.
'아름다운 여자'처럼 말이에요. 형용사는 반드시
수식해주는 명사의 앞에 와야 해요. 그리고 부사
나 접속사로는 명사를 수식할 수 없습니다.

I bought a _beautiful_ dress at the mall.

나는 쇼핑몰에서 아름다운 드레스를 샀어요.
beautiful의 뜻은 '아름다운'이고 형용사입니다. 명사 dress
를 수식하는 역할을 하기 때문에 dress의 앞에 위치해요.

전치사(prepositions)는 위치나 원인과 결과를
정의하는 역할을 해요. 사용할 때는 명사의 앞
에 위치합니다.

I left my shoes _under_ the table.

나는 신발을 테이블 밑에 두고 왔어요.
under은 전치사로 사건이 어디서(테이블 밑에) 발생했
는지 나타내는 역할을 했어요. under가 the table 앞에
위치했다는 걸 잊지 말아요.

접속사(conjunctions)는 말의 뜻이나 단어와 단어, 구와 구, 문장과 문장 그리고 주절과 종속절을 연결해서 뜻을 더 매끄럽게 해주는 역할을 합니다.

Kate knocked on the door, _but_ nobody answered.

Kate는 문을 두드렸지만, 아무도 대답하지 않았어요.
but은 두 문장을 연결하는 역할을 하기 때문에 문법상 접속사에 속해요.

감탄사(interjections)는 말을 할 때 감정이나 생각을 나타내요. 그리고 주로 느낌표(!)와 함께 사용합니다.

Ouch! That hurts.

으악! 아파!
ouch!는 감탄사의 기능을 하며 감정을 나타내고 있어요.

여러 가지 품사의 용법을 알고 문장에서 단어가 어떤 곳에 위치해야 할지 알면 정확한 영어 문법을 사용하게 됩니다. 그러면 영어 실력이 한층 업그레이드 될 거예요!

연습문제 20-01

아래 문장에서 밑줄이 쳐진 두 단어의 품사가
무엇인지 두 개를 고르세요.

동사 ①	명사 ②	대명사 ③	형용사 ④
부사 ⑤	전치사 ⑥	접속사 ⑦	감탄사 ⑧

1. ⑤ , ⑥ The geese indolently waddled across the
intersection.
거위들이 아주 느리게 교차로를 건너고 있어요.

2. .... Oh! I'm late for class.
오! 나는 지각하겠어요.

3. .... She asked herself, "What was I thinking of?"
그녀는 그녀 자신에게 "내가 지금 뭘 생각한 거지?"라고 물었어요.

4. .... The manager confidently presented his
project to the board.
매니저는 매우 자신 있게 그의 계획을 임원진에게 발표했어요.

PART 20 품사

509

5. .... Frankenstein is the name of the scientist, not the monster.

프랑켄슈타인은 과학자의 이름이지 괴물의 이름이 아니에요.

6. .... That suitcase is hers.

저 여행 가방은 그녀의 것이에요.

7. .... Everyone in the room cheered when the announcement was made.

언론에서 발표가 있던 그때, 방 안에 있던 모든 사람들은 환호했어요.

8. .... Small children often insist that they can do things by themselves.

꼬마 아이들은 종종 스스로 할 수 있다고 고집을 부려요.

9. .... Dust covered every surface in the locked bedroom.

먼지가 잠긴 침실 전체를 덮고 있었어요.

10. .... They wondered if there truly was honour among thieves.

그들은 도둑들 사이에도 정말 명예가 있는지 궁금했어요.

Answers

1. 5, 6 부사 / 전치사
2. 8, 6 감탄사 / 전치사
3. 3, 3 대명사 / 대명사
4. 5, 1 부사 / 동사
5. 1, 2 동사 / 명사
6. 4, 3 형용사 / 대명사
7. 3, 7 대명사 / 접속사
8. 4, 5 형용사 / 부사
9. 2, 6 명사 / 전치사
10. 7, 6 접속사 / 전치사

파본이나 내용상 오류 등 책에서 발견한 문제점을 알려주시면 독자 여러분을 위해 다음 인쇄판에서 수정하겠습니다. 책에 관한 비평이나 칭찬의 말도 아래 연락처로 보내주시기 바랍니다.

홈페이지 www.hyejiwon.co.kr
블로그 blog.naver.com/hyejiwon9221
페이스북 www.facebook.com/hyejiwon9221

Original Title: QUICK GRAMMAR
copyright © 2014 Proud Publisher
Originally Published by Proud Publisher All rights reserved.

Korean Copyright © 2018 by HYEJIWON Publishing Co., Ltd.
Korean language translation rights arranged with Proud Publisher, through Little Rainbow Agency, Thailand and M.J. Agency, Taiwan.